INDONESIEN

Küchen der Welt
INDONESIEN

Kusuma Widjaya
Roland Marske

Originalrezepte und Interessantes
über Land und Leute
Rezeptfotos: Foodphotography Eising

INHALT

Indonesien: erleben und genießen — 6

Land und Leute laden ein ... — 9
   Toraja auf Sulawesi — 10
   Batak auf Sumatra — 10
   Dayak auf Kalimantan — 11
   Hochkultur unter fremden Einflüssen — 12
   Schattenspiel Wayang kulit — 13
   Islam in Indonesien — 14
   Hinduismus auf Bali — 14
   Kolonialmächte und Unabhängigkeit — 15
   Die indonesische Küche — 16
   Aus fremden Kochtöpfen — 16
   Reich an Würze — 17
   Inseltypische Küchentraditionen — 18
   Restoran und Rumah makan — 20
   Mobile Garküchen — 20
   Der tägliche Speiseplan — 22
   Durststiller und andere Getränke — 24

Rezepte — 27
   Reis — 27
   Sambals und Curries — 41
   Fleisch, Geflügel und Fisch — 65
   Gemüse und Tofu — 95
   Exotische Desserts — 123

Typische Speisenzusammenstellungen — 138
Glossar — 140
Rezept- und Sachregister — 143

INDONESIEN: ERLEBEN UND GENIESSEN

Indonesien – der Name erweckt Träume von Sonne und Sandstränden, von sich sanft im Wind wiegenden Kokospalmen, farbenfrohen Tempelzeremonien, sattgrünen Reisterrassen und nicht zuletzt von glücklichem Leben in paradiesischer Harmonie. Natürlich hat Indonesien mit der Zeit schon einiges von seiner Unverfälschtheit eingebüßt, doch alte Traditionen sind hier nach wie vor lebendig – und das macht die Inseln so bemerkenswert.

Zu dem tropischen Archipel gehören so bekannte Inseln wie Java, Bali, Sumatra, Kalimantan (Borneo), Sulawesi (Celebes), Irian Jaya (West-Neuguinea) und die als Gewürzinseln bekannt gewordenen Molukken.

Schon seit uralten Zeiten werden Fremde von den natürlichen Schätzen dieser Inseln magisch angezogen. Und egal, ob sie als friedliche Besucher oder feindliche Invasoren kamen, die Indonesier haben sich den fremden Einflüssen stets geöffnet und ihre eigenen Kulturen dadurch bereichert. So sind die Inselbewohner heute sowohl von ihrem jahrtausendealten, faszinierenden Geisterglauben als auch von Buddhismus, Hinduismus und Islam geprägt. Die holländische und die kurze britische Kolonialzeit haben vor allem in der Wirtschaft ihre Spuren hinterlassen – alle fremden Einflüsse finden sich aber auch in der Küche des Landes wieder. So ist Indonesien nicht nur durch seine fremden Kulturen und tropischen Landschaften ein einmaliges Erlebnisparadies für Reisende, sondern ohne Zweifel auch wegen seiner exotischen, voller Überraschungen steckenden Küche. Ihre ganze Pracht offenbart sich bei einer indonesischen Reistafel, und Sie werden schnell herausfinden, daß sie ohne Zweifel zu den besten Asiens zählt.

Dieses Buch möchte Sie zu einer Erlebnisreise in die indonesische Küche verführen. Dazu bringt Ihnen das erste Kapitel das Land, seine Geographie, Geschichte, Politik, die kontrastreichen Kulturen und vor allem seine Menschen näher, und Sie erfahren alles Wichtige über Eßgewohnheiten, Tischsitten, unterschiedliche Regionalküchen usw. Danach folgen die Rezeptkapitel mit gelingsicheren Originalrezepten. Treffen Sie anhand der vielen Farbfotos Ihre Auswahl bekannter Gerichte und reizvoller Neuentdeckungen. Auf eine bestimmte Reihenfolge brauchen Sie dabei nicht zu achten, denn nach indonesischem Brauch kommen alle Speisen auf einmal auf den Tisch. Und damit auch die Zubereitung sicher gelingt, finden Sie bei vielen Rezepten informative Schritt-für-Schritt-Fotos, zahlreiche praktische Tips und interessante Kurzreportagen über exotische Küchenzutaten. Mit diesem Buch wird Ihr kulinarischer Ausflug nach Indonesien zu einem sicheren Erfolg und persönlichen Erlebnis – Fernwehgarantie inklusive.

In diesem Sinne »Salamat makan« – Guten Appetit!

Indonesien: erleben und genießen

LAND UND LEUTE LADEN EIN ...

In einem weiten Bogen beiderseits des Äquators, zwischen Asien und Australien, reihen sich die insgesamt 13 677 Inseln des indonesischen Archipels aneinander. Und obwohl die meisten dieser Inseln nichts als unbewohnte, aus dem Meer ragende Felsen sind, erreicht die Fläche aller Inseln doch die fünfeinhalbfache Größe Deutschlands. Einschließlich seiner Wasserflächen erstreckt sich Indonesien sogar über eine Fläche, die, auf Europa bezogen, von Irland bis zum Ural und von Helsinki bis nach Sizilien reichen würde. Wenn ganz im Osten des riesigen Archipels, auf das Hochland West-Neuguineas, schon die Morgensonne brennt, ist im Westen, auf Sumatra, noch tiefe Nacht.

Dieses weiträumige, zersplitterte Staatsgebilde steckt voller Kontraste: Undurchdringliche Urwaldgebiete, Sümpfe und aktive Vulkane stehen im krassen Gegensatz zu lieblichen Reisterrassenlandschaften. Und auch die Tatsache, daß Indonesiens mineralstoffreiche Ascheböden zu den fruchtbarsten der Erde gehören und das Land aufgrund seiner Bodenschätze immense Reichtümer birgt, mag nicht damit harmonieren, daß Indonesien ein Entwicklungsland geblieben ist, dessen Bevölkerung größtenteils unter dem Existenzminimum lebt. Die große ethnische und kulturelle Vielfalt der Inselwelt prägt die Lebensformen. Über 360 verschiedene Völker, die teilweise ihre eigene kulturelle Identität bis heute wahren konnten, sprechen etwa 250 Regionalsprachen und viele Dialekte neben der 1945 eingeführten offiziellen Staatssprache Bahasa Indonesia.

Der Abstammung nach gehört die überwiegende Mehrheit der 170 Millionen Indonesier zur malaiischen Völkerfamilie. Sie ist in zwei Wellen vom südostasiatischen Festland eingewandert. Die ersten Malaien, die sogenannten Protomalaien, kamen vor über 3500 Jahren. Sie wurden aber von den später nachfolgenden Deuteromalaien in die abgeschiedenen Hochländer der Inseln zurückgedrängt. Hier konnten sie lange Zeit ungestört in ihrer Kultur leben und viele ihrer Traditionen unverfälscht erhalten, wie etwa die Toraja, die Batak und die Dayak.

Dayak-Familien siedeln an den Urwaldströmen im tiefsten Innern der Regenwaldinsel Borneo.

Im gebirgigen Batak-Land und auf der im Tobasee gelegenen Insel Samosir sind alte Traditionen in den Stämmen noch tief verwurzelt.

Toraja auf Sulawesi

Die etwa 350 000 Toraja leben im Hochland um Makale und Rantepao auf Südsulawesi. Die meisten wohnen noch immer in ihren charakteristischen Holzhäusern mit den auffällig weit geschwungenen Satteldächern. Jedes Jahr nach der Reisernte, von August bis Oktober, finden die berühmten Totenfeste der Toraja statt. Nach ihrem Glauben begibt sich die Seele eines Verstorbenen auf die Reise nach Puya, dem Seelenland im Jenseits, ein friedlicher Ort voller Harmonie, an dem die Seelen sorgenfrei leben können. Findet die Seele eines Toten in Puya jedoch keinen Einlaß, irrt sie heimatlos umher und greift als böser Geist störend in das Leben der Hinterbliebenen ein. Unglücksfälle, wie Krankheiten oder Mißernten, können fortan das Schicksal der Hinterbliebenen bestimmen. Damit die Seelen in Puya eingehen können und nichts von ihrem irdenen Wohlstand zu entbehren brauchen, werden als Höhepunkt bei den farbenprächtigen Totenfesten bis zu 200 Wasserbüffel geschlachtet. Ihre Seelen begleiten die des Toten. Aber auch nach der Beerdigung müssen den Toten rituelle Opfergaben dargebracht werden, die symbolisch von Tau-Tau-Figuren angenommen werden. Diese in Lebensgröße geschnitzten Holzstatuen, Nachbildungen der toten Ahnen, stehen auf Balustraden vor Höhlengräbern. Mit ausgestreckten Armen fordern sie ihren Familienangehörigen ständig Opfer ab.

Batak auf Sumatra

An den landschaftlich wunderschön gelegenen Tobasee im Norden Sumatras hat sich das Volk der Batak in ihre traditionellen Dörfer zurückgezogen. In der streng patriarchalischen Gesellschaft der Batak spielen männliche Nachkommen eine besondere Rolle. Ihre Gebete sind notwendig, damit die Seele eines Verstorbenen Ruhe finden kann. Bei den Totenritualen für kinderlos Verstorbene wird deshalb eine lebensgroße Puppe verwendet, die Si gale gale, die den männlichen Nachkommen symbolisiert. Diese Puppe wird, ähnlich wie eine Marionette, jedoch von hinten, mit Schnüren bewegt und kann einen menschenähnlichen Tanz aufführen. Der Sage nach entstand die erste Si gale gale in einem Dorf, dessen König seinen Sohn verlor. Der König verfiel in tiefe Trauer um diesen Sohn (und um seine eigene Seelenruhe), weshalb sein Volk, um ihn aufzuheitern und zu beruhigen, ihm eine Si-gale-gale-Puppe baute. Auf den in ganz Indonesien berühmten Festen der Batak kann man noch heute dem faszinierenden Tanz einer Si gale gale zuschauen.

Unter der Äquatorsonne im Norden Sumatras gedeiht eine üppige Vegetation.

Dayak auf Kalimatan

Die Dayak leben im Innern Kalimantans (Borneo), das nur über die Flüsse zugänglich ist, und sind an ihren durchbohrten und in die Länge gezogenen Ohrläppchen sowie den Tätowierungen an Unterarmen, Füßen und Knien zu erkennen. Sie blicken auf eine kriegerische Vergangenheit als Kopfjäger zurück. Kopfjägerei galt als ein Zeichen des persönlichen Prestiges und der Männlichkeit. Die Wurzeln der Kopfjägerei liegen im kultischen Bereich. Durch die Enthauptung sollte die Kraft des Getöteten auf den Stamm des Siegers übergehen. Gleichzeitig wurden die Köpfe verehrt, da jeder Getötete den Göttern näherstand als die Lebenden und somit zu den besonders Begünstigten gehörte. Noch Anfang dieses Jahrhunderts war die Kopfjägerei sehr gefürchtet. Einen Rückfall in die alten Zeiten gab es das letzte Mal 1945, als die Dayak einzelner Mitglieder der verhaßten japanischen Besatzung habhaft werden konnten. Heute zeugen von den turbulenten Zeiten nur noch der alte Kopfschmuck der einstigen Kopfjäger, den viele Männer immer noch tragen, und die typische Wohnform der Dayak: das Langhaus. Dieses über 250 m lange Langhaus ist eine Gemeinschaftsunterkunft auf Pfählen, in der alle Familien eines Dorfes in einem riesigen Raum leben. In Zeiten, als durch andere Kopfjägerstämme noch ständig Überfälle drohten, eigneten sich Langhäuser besser zur Verteidigung als die weit verstreut liegenden Hütten eines Dorfes. Und da unter einem Dach auch Kinder, Alte und Kranke besser zu betreuen sind, hat sich diese Dorfform auf der Insel Borneo mancherorts bis heute erhalten.

Land und Leute laden ein ...

Zigaretten-Reklame auf Lombok: kein Ort, an dem nicht Rauchschwaden der mit Nelken versetzten Kretek in der Luft liegen.

Werkstatt für Golekfiguren: Der balinesische Handwerker fertigt Kunst für den Gebrauch.

Hochkultur unter fremden Einflüssen

Während die Protomalaien größtenteils von fremden Einflüssen abgeschieden lebten, wurden die Deuteromalaien in der Vergangenheit von allen Hochreligionen der Welt beeinflußt. Im ersten Jahrhundert kam mit indischen Seefahrern und Händlern Buddhismus und Hinduismus nach Indonesien. Unter ihrem Einfluß entwickelte sich zu einer Zeit, als Europa noch im tiefen Mittelalter steckte, eine eindrucksvolle eigene indonesische Hochkultur, die noch heute in der Tempelarchitektur Javas zum Ausdruck kommt, z.B. im Borobudur in Zentraljava. Er ist der größte buddhistische Tempel Südostasiens und die bedeutendste touristische Stätte Indonesiens.

Land und Leute laden ein ...

Schattenspiel Wayang kulit

Das hinduistische Erbe Indonesiens ist in der Folklore und der dramatischen Kunst noch lebendig, etwa im Schattenspiel Wayang kulit. Es diente ursprünglich der Vertreibung böser Geister und der Kontaktaufnahme zu den Ahnen. Über die Puppen konnte der Spieler, der Dalang, die Botschaften der Geister den Lebenden mitteilen. Mit der Ausbreitung des Hinduismus überlagerte die Geschichte des Ramayana-Epos diese magische Bedeutung des Wayang kulit, und die Vorführungen dienten als Schattentheater immer mehr dem Vergnügen der Bevölkerung. Der Dalang, der Erzähler, sitzt mit gekreuzten Beinen hinter einer weißen Leinwand. Über ihm befindet sich eine Lampe, die von hinten die Schattenspielfiguren beleuchtet. Die Figuren sind auf einen Bananenstrunk aufgesteckt – auf der rechten Seite die guten, auf der linken Seite die bösen Figuren. Über Stunden erzählt der Dalang mit verschiedenen Stimmen und auf verschiedenen Ebenen der altjavanischen Sprache (Volkssprache, Hofsprache, Ritualsprache) die Geschichte des edlen Prinzen Rama und seiner Frau Sita, die vom Dämonenkönig Ravana geraubt und erst nach langen Kämpfen mit Hilfe eines Affenheeres wieder befreit werden konnte. Während seiner Erzählung läßt er die Puppen auf der Bühne agieren und bedient gleichzeitig mit den Füßen eine Rassel, mit der besonders dramatische Szenen unterstrichen werden. Einen Wechsel der Rede verschiedener Figuren kündigt er durch einen dumpfen Schlag mit einem Holzhammer an. Die Handlung wird von einem Gamelanorchester, das hinter dem Dalang sitzt, und manchmal von Frauengesang begleitet. Das Publikum sitzt nach Geschlechtern getrennt: Auf der guten Seite, hinter dem Dalang und dem Orchester, sitzen die Männer und auf der schlechten Seite, im Schatten, die Frauen. Die Wayang-kulit-Puppen sind aus einem Stück Büffelleder ausgestanzte, aufwendig bemalte, flache Figuren und wunderschöne Mitbringsel.

Mentawai-Mann, Regenwaldbewohner auf der Insel Siberut vor Sumatras Westküste.

Puppenspiel als Abwechslung zum Alltag: Der Dalang führt während seiner Erzählung geschickt die Wayang-kulit-Figuren auf der Bühne.

Ein hinduistischer Priester

*Foto oben:
Stätte des Islam: Moschee in Bukittinggi. Der auf einem Berg gelegene Ort in Westsumatra gilt als »Hauptstadt« der Minangkabau.*

Islam in Indonesien

Seit dem 12. Jahrhundert brachten arabische Händler den Islam nach Indonesien. Im 15. Jahrhundert hatte er sich auch über Java verbreitet, und bald danach standen fast alle wichtigen Inseln unter dem grünen Banner des Propheten. Indonesien wurde zum östlichsten islamischen Land der Erde, und heute bekennen sich 90% der Bevölkerung zu dieser Religion. Zwar übernahmen die meisten Bewohner den Islam, sie paßten ihn aber ihren Bedürfnissen und Vorstellungen an. So erhielt der indonesische Islam eine ganz eigene Erscheinungsform, die aus einer Mischung hinduistischer, islamischer und animistischer Glaubensvorstellungen besteht. Darum spielen neben dem Islam die hinduistischen Götter und die Geister der Ahnen auch heute noch eine fast ebenso große Rolle. Nur kleinere Bevölkerungsgruppen entzogen sich der neuen Religion, indem sie sich in unwegsame Gegenden zurückzogen. So lebt z.B. das Volk der Tengger, deren Religion eine Mischung aus Hinduismus und Buddhismus ist, noch heute im Bergland um den Vulkan Bromo (Java), der wohl zu den beeindruckendsten landschaftlichen Sehenswürdigkeiten Indonesiens zählt.

Hinduismus auf Bali

Auch auf Bali konnte der Islam kaum Anhänger gewinnen. Hier entwickelte sich eine einmalige, komplexe Form des Hinduismus, der noch heute 95% der Balinesen angehören. Von zentraler Bedeutung im Bali-Hinduismus ist der Glaube an die Unsterblichkeit der Seele. Das Dasein besteht aus einem immerwährenden Zyklus von Wiedergeburten. Der Tod eines Menschen ist

Land und Leute laden ein ...

für die Balinesen deshalb kein trauriges Ereignis, sondern Anlaß für eine fröhliche, farbenprächtige Zeremonie, das Ngaben. Der Höhepunkt eines Ngaben ist die Leichenverbrennung. Der Verstorbene wird in einem Totenturm aus Bambus, Holz und buntem Papier, der bis zu 12 m hoch sein kann, zum Verbrennungsplatz getragen. Unterwegs versucht man, böse Geister, die den Verstorbenen verfolgen, abzuschütteln, indem man an allen Wegkreuzungen den Totenturm einige Male in schnellem Tempo um die eigene Achse dreht. Durch die Leichenverbrennung erfolgt die Loslösung der Seele vom verstorbenen Körper. Zum Abschluß des Ngaben wird die Asche auf einer Trage zum Meer gebracht und dem Wasser übergeben. Nun erst hat die Seele ihr früheres Leben endgültig beendet.

Kolonialmächte und Unabhängigkeit

Anfang des 16. Jahrhunderts drangen als erste europäische Macht die Portugiesen bis nach Indonesien vor. Sie wurden jedoch keine 100 Jahre später von den Niederländern abgelöst, die im Gerangel um den lukrativen Gewürzhandel siegten und nach und nach fast das gesamte Gebiet des heutigen Indonesien eroberten. Mit den Europäern kam auch das Christentum. Vor allem Volksgruppen, die noch nicht islamisiert waren, bekennen sich heute zu diesem Glauben.

Das Ende der Kolonialzeit, ausgelöst durch die japanische Besetzung im Zweiten Weltkrieg, brachte für Indonesien noch immer nicht die lang ersehnte Unabhängigkeit. Trotz Proklamation der Republik am 17. August 1945 kehrten die Niederländer zurück und versuchten, ihr altes Kolonialreich wieder aufzubauen. Erst Ende 1949 war die Freiheit nach blutigen Kämpfen endlich erlangt, und der erste Staatspräsident, Achmed Sukarno, übernahm die Macht. 1965 wurde er jedoch von General Kemuso Suharto gestürzt. In einer grausamen Kommunistenjagd wurden in der Folge schätzungsweise eine Million »Linke« im Namen der Freiheit ermordet. Die meisten Opfer waren allerdings keine »Linken«, sondern Chinesen, die schon seit Generationen in Indonesien lebten. Durch ihren Fleiß und ihre Strebsamkeit hatten sie sich in fast allen Bereichen der Wirtschaft führende Rollen verschafft. Das hatte den Zorn der noch größtenteils vom Reisbau lebenden Indonesier auf sie gelenkt, und man warf ihnen Beherrschung und Ausbeutung des Volkes vor. Noch heute ist das Verhältnis zwischen Indonesiern und den ungefähr 4 Millionen in Indonesien lebenden Chinesen problembelastet. Viele haben nach außen dem Druck zur kulturellen Anpassung bereits nachgegeben. Doch von diesen Problemen sieht der Tourist ohne tiefere innere Einblicke nichts.

Hochhaus-Silhouette in Jakarta: Die Millionenmetropole ist der Inbegriff des modernen Indonesien.

**Foto links:
Mythen, Masken und Musik: Das Tanzdrama in Batubulan unterhält Balinesen und Touristen.**

Land und Leute laden ein ...

Auf den Molukken wird aus Maniok, den geschälten Wurzeln des Cassavestrauches, Tapiokastärke gewonnen.

In den Garküchen von Bali sind Pisang goreng, gebackene Bananen im Teigmantel, allseits beliebt.

Die indonesische Küche

Wie das indonesische Staatsmotto – »Einheit in der Vielfalt« –, so gibt sich auf den ersten Blick auch die indonesische Küche einheitlich. Von ihrer traditionellen Vielfalt bekommt so mancher Reisende in den Hotelrestaurants nicht viel zu sehen oder zu schmecken, denn egal, ob man nun in Westsumatra oder in Ostnusa Tenggara ißt, die Gerichte, die auf den Speisekarten der Restaurants angeboten werden, sehen sich fast immer sehr ähnlich. Wer hier täglich Altbekanntes wie gebratenen Reis (Nasi goreng) und die indonesische Variante des Allerweltsgerichts Chop suey, gebratenes Gemüse (Cap cay goreng), wählt, mag die indonesische Küche in der Tat langweilig finden. Doch wer experimentierfreudig kostet, was an den verheißungsvollen kleinen Eßständen der Märkte und Nachtmärkte angeboten wird, stellt schnell fest, daß die traditionelle Vielfalt der indonesischen Küche nicht nur auf die heimischen Herde beschränkt ist.

Aus fremden Kochtöpfen

Die indonesische Küche gilt als eine der besten Asiens. Als Handelsland hatte sich das Archipel schon früh fremden Einflüssen geöffnet, und so entwickelte sich seine Küche aus einer Überlagerung mehrerer anderer Kochstile. Von den Indern kommen die Curries und der großzügige Gebrauch von Gewürzen, mit denen Indonesien reich gesegnet ist. Ein unverkennbares Zeichen des islamischen Einflusses sind aufgespießte, über Holzkohlenfeuer gegrillte Fleischstücke. In Indonesien heißen sie Sate. Ihre unvergleichbare Geschmacksnote, die sie eindeutig vom arabischen Schisch kebab und vom kaukasischen Schaschlik unterscheidet, erhalten die Spieße durch Marinieren in süßer Sojasauce (Kecap manis) und durch die Erdnußsauce, mit der man sie ißt. Der Islam brachte auch eine Reihe von Vorschriften, die sich auf die Küchentraditionen auswirkten. So essen etwa muslimische Indonesier kein Schweinefleisch. Nur Balinesen, Chinesen, Christen und die nicht islamisierten Völker in den Hochländern bereichern ihren Speisezettel um Schweinefleisch (Babi). Auch Alkoholgenuß ist den Moslems verboten. Daher spielen alkoholische Getränke in weiten Teilen Indonesiens eine untergeordnete Rolle, sind aber in den Städten, bei den Chinesen, ohne Schwierigkeiten aufzutreiben. Im Ramadan, dem islamischen Fastenmonat, darf von Sonnenaufgang bis Sonnenuntergang nichts gegessen und getrunken werden. Während dieser Zeit sind es die Chinesen, die den hungrigen Reisenden retten. Der Einfluß der chinesischen Küche ist unverkennbar,

Land und Leute laden ein ...

und entsprechend ähnelt sich auch die Küchenausstattung: Gekocht wird in einem halbrunden Topf aus Metall, der aussieht wie eine flache Schüssel, Kuali oder Wajan heißt und mit dem chinesischen Wok identisch ist. Mit einem Mahlstein (ersatzweise einem Mixer) zum Zerkleinern von Gewürzen und Erdnüssen und einem Topf zum Reiskochen hat man dann auch schon seine Küchenausstattung komplett. Die niederländische Präsenz hinterließ europäische Merkmale auf der indonesischen Speisekarte. Umgekehrt wirkte die indonesische Küche anregend auf die holländische. So brachten die Holländer eine der großen Köstlichkeiten der indonesischen Küche, die Rijstafel (Reistafel), nach Europa. Der Name stammt noch aus der Zeit des Gewürzhandels, als die Holländer in ihrem Kolonialreich üppige Bankette hielten. Die blumengeschmückten Tafeln waren von Reisschüsseln, Gerichten und würzigen Sambals überhäuft. Die Tradition der Reistafel ist als Buffet bis heute erhalten geblieben. Sie präsentiert die ganze Vielfalt und den Glanz der indonesischen Küche. Bei einer klassischen Reistafel kommt das gesamte Essen, immerhin etwa 20 bis 30 verschiedene Gerichte und natürlich der im Mittelpunkt stehende Reis, zur gleichen Zeit auf den Tisch (der übrigens eine europäische Innovation ist). Jeder bedient sich selbst großzügig mit Reis und kostet dazu nacheinander, nie gleichzeitig, einen Happen von jedem Gericht. Hat man herausgefunden, was einem am besten schmeckt, nimmt man von seiner Lieblingsspeise so viel, wie das Herz und der Magen begehren.

Reich an Würze

Der Kampf europäischer Großmächte um das lukrative Gewürzmonopol zeugt von der alten Bedeutung des Gewürzanbaus für den Archipel. Deshalb verwundert es auch nicht, daß die indonesische Küche vom Aroma verschiedenartiger exotischer Gewürze und Zutaten geprägt ist. Die wichtigsten Gewürze sind Chili (Lombok), Nelken (Cengkeh), Zitronengras (Sereh), Muskatnuß (Pala), Tamarinde (Asam), Pfeffer (Merica), Ingwer (Jahe), Galgant (Laos), Koriander (Ketumbar), Zimt (Kayu manis), Kardamom (Kepulaga), Knoblauch (Bawang putih) und Schalotten (Bawang). Zutaten wie Sojasauce (Kecap), Chilisauce (Sambal), Garnelenpaste (Terasi) und Erdnüsse (Kacang) runden die Gerichte, die zwar scharf, niemals aber so feurig wie in Thailand oder Südindien sind, geschmacklich ab. Milch, jedenfalls Kuhmilch, ist in der indonesischen Küche nahezu unbekannt. Nach altem Brauch wird statt dessen der Saft von ausgepreßtem Kokosfleisch (Santen) verwendet. Fleisch und Gemüse, in dieser Kokosmilch gekocht, bekommen eine unverwechselbare Note.

Gewürze als Lebenselixier indonesischer Kochkunst: Die Marktstände von Lombok hüllen den Besucher in ein Meer von Düften.

Bima, im Osten der Insel Sumbawa, ist ein Treffpunkt für Mekkapilger. Die Bauern leben von ihren feilgebotenen Agrarprodukten.

Inseltypische Küchentraditionen

Wie die meisten Küchen der Welt wird auch die indonesische Küche von den regional und saisonal verfügbaren Zutaten bestimmt. Außerdem hat ein Vielvölkerstaat natürlich auch einen vielfältigen Speisezettel.

Besonderer Beliebtheit erfreut sich in Indonesien die Küche der Minangkabau, deren Heimat Westsumatra ist und die in einer matriarchalisch organisierten Gesellschaft leben. Nach der größten Stadt Sumatras, Padang, benannt, ist diese Küche heute überall in Indonesien in speziellen Restaurants, den Rumah makan padang, zu bekommen. Hier erhält man zum Reis zahlreiche im Schaufenster oder Tresen ausgestellte Curries aus Fleisch, Fisch, Gemüse, Eiern und vielem mehr. Diese Gerichte sind alle gaumenverbrennend scharf, denn große Mengen Chili sollen das Verderben der ungekühlten Speisen verhindern. Geht man in ein solches Restaurant, sagt man einfach »Mau makan« (ich möchte essen) und bekommt das ganze Sortiment, manchmal bis zu 20 verschiedene Schüsselchen, aufgetischt. Man wählt sich nun aus diesem Angebot jene Schüsseln aus, deren Inhalt einem zusagt. Bezahlt wird nur, was man angebrochen hat. Die köstlichen dicken Saucen, die es dazu gibt, sind kostenlos, und jeder bedient sich großzügig damit. Wenn man sich Nasi campur (gemischten Reis) bestellt, erhält man gleich einen Teller voll mit Reis und einer Standardauswahl der verschiedenen angebotenen Speisen obendrauf. Davon wird man auch satt und zahlt weniger.

Die javanische Küche unterscheidet sich von allen anderen Küchen des Landes vor allem, weil bei der Zubereitung der Gerichte deutlich weniger Chili, dafür aber um so mehr andere Gewürze verwendet werden. Durch den Gebrauch von Kokosmilch sind die Saucen angenehm cremig, und ein Löffel Palmzucker (Gula melaka oder Gula jawa) verleiht den Gerichten eine leicht süßliche Note.

Die balinesische Küche ist bunt und abwechslungsreich. Spezialitäten, die auf anderen Inseln kaum zu bekommen sind, wie Gerichte aus Enten- und Schweinefleisch, ergänzen das breite Angebot. Und die Süßspeisen sollten Sie unbedingt einmal probieren. Östlich von Bali, auf den Kleinen Sundainseln, wird die Küche sehr einfach. Man verläßt die tropische Monsunzone und tauscht das üppige Grün gegen Busch- und Steppenvegetation einer relativen Trockenzone ein: Das Nahrungsmittelangebot ist hier naturgegebenermaßen nicht mehr so reichhaltig. Fischgerichte, mild und leicht süß gewürzt, haben deshalb eine besondere Bedeutung.

Die Küche Sulawesis ist aufgrund der vielen verschiedenen hier lebenden Bevölkerungsgruppen sehr variantenreich. Die Bugis, die im Süden der Insel leben, waren und sind ein Seefahrervolk. Entsprechend finden sich auf ihrem Speiseplan viele Gerichte mit Fischen und anderen Meerestieren. Am liebsten grillt man sie über dem Holzkohlenfeuer und reicht dazu verschiedene Saucen. In Ujung Pandang, der Hauptstadt Sulawesis, werden jeden Abend an der Strandpromenade, dicht an dicht gedrängt, fahrbare Essensstände aufgebaut. Vielleicht kosten Sie an dieser »längsten Theke der Welt« einmal einige Spezialitäten der Bugis, wie Goldfisch (Ikan mas), Tintenfisch (Cumi cumi) oder Suppe mit Büffelinnereien (Soto makassar). Die Küche der Toraja in Zentralsulawesi ist weitgehend vegetarisch. Nur zur Zeit der großen Totenfeste, nach der Reisernte von August bis Oktober, wenn Schweine und Wasserbüffel geschlachtet werden, gehört Fleisch zur Alltagskost. Eine besondere Spezialität ist Pa'piong, Fleisch und Gemüse, das in einem Bambusrohr gegart wird. Am exotischsten ist vielleicht die Küche der Minhasa, die im nördlichsten Zipfel Sulawesis leben. Dort muß man in Restaurants darauf achten, nicht versehentlich auf das sehr dunkle, gewöhnungsbedürftige Hundefleisch zu stoßen, wenn man der Meinung ist, daß diese Tiere nicht auf die Speisekarte gehören. Auch Fledermäuse und Schlangen bereichern hier das Angebot.

In den äußersten Osten Indonesiens, auf die Molukken und nach Irian Jaya (West-Neuguinea), verschlägt es nur selten Touristen. Entsprechend unbekannt ist die Küche. Ursprüngliche Grundnahrungsmittel sind hier Maniok (Singkong), die Wurzeln des Cassavestrauches, und Sago (Sagu), das gekörnte Mark der Sagopalme.

Neben den vielen Möglichkeiten, original indonesisch zu essen, hat man in Indonesien auch die Möglichkeit, chinesische Restaurants zu finden. Hier gibt es, neben einigen indonesischen Standardgerichten, chinesische Allerweltsküche.

Harte Arbeit statt ländlicher Idylle: Reisernte in Zentraljava. Es ist der fruchtbare Boden, aus dem Indonesien immer noch das Grundnahrungsmittel Nummer eins bezieht.

Auf dem Fischmarkt Pasar Ikan in Jakarta drängen sich Hunderte von Buden und Ständen, die den frisch angelandeten Tagesfang anbieten.

In den traditionellen Stätten des Handels: Eine Kleinigkeit im Warung stillt den Hunger zwischendurch.

Restoran und Rumah makan

Indonesier legen weniger Wert darauf, wo man ißt, sondern vielmehr was man ißt. Das Äußere eines Restaurants ist unwichtig, und oft sind sie unattraktiv gelegen und ausgestattet. Das spricht aber, wohlgemerkt, nicht gegen die Qualität der Speisen.

Die oberste Kategorie von traditionellen Speiselokalen sind die Restoran, die sich durch eine Speisekarte, hohe Preise und eine Klimaanlage auszeichnen. Die großen Restoran sind meist chinesisch.

Unter Rumah makan versteht man einfache Restaurants, in denen man ißt. Hier hängt die nicht allzu umfangreiche Speisekarte in Form eines Schildes an der Wand, oder das Angebot ist direkt in Schüsseln oder auf Platten unter Glas am Eingang ausgestellt. Grundsätzlich sollten Sie beachten, daß Trinkgeld in allen Lokalen unüblich ist und Speisen häufig nur lauwarm, selten heiß, serviert werden. Wer sich darüber beschwert, wird auf Unverständnis stoßen, denn in Indonesien ißt man eben nicht heiß.

Mobile Garküchen

Warung heißen die unzähligen kleinen Essensstände, die in den Städten auf allen stark frequentierten Plätzen und auf Märkten ihre Speisen anbieten oder abends auf allen Straßen aufgebaut

Land und Leute laden ein ...

An einem Stand in Kalimantan werden Eierkuchen mit leckeren Füllungen zubereitet.

werden. Diese beweglichen Garküchen gibt es in mehreren Ausführungen: Schnell aus Brettern und Plastikfolie zusammengezimmert oder als fahrbarer, auf ein Dreirad oder Karren montierter Essensstand. Gemeinsam haben sie alle, daß ihr Angebot nur selten aus mehr als einem Gericht besteht. Diese Spezialität prangt mit großen Buchstaben an der Wand des Warung oder ist auf eine Stoffbahn geschrieben. Bei einem Rundgang zwischen den einzelnen Warung können Sie sich ein komplettes, sehr abwechslungsreiches Menü selbst zusammenstellen. Die duftenden Speisen, die einem das Wasser im Mund zusammenlaufen lassen, werden immer vor Ihren Augen zubereitet. Man ißt sozusagen direkt in der Küche und kann Sonderwünsche äußern. Als traditionelle Verpflegungsstation der einheimischen Bevölkerung speist man in Warung ausgesprochen preiswert und gut.

Als letzte Kategorie sind noch die Wanderküchen zu erwähnen. Der Küchenchef trägt seine ganzen Utensilien auf einer wippenden Tragestange oder schiebt sie auf dem Fahrrad oder Handwagen durch die Straßen. Je nach der Art des Angebots kündigt er sein Kommen durch unterschiedliche Signale an. Ein Nudelverkäufer schlägt mit dem Löffel auf eine Pfanne, wenn er im Anmarsch ist, und der Suppenverkäufer kündigt sich durch Schlagen eines Klanghozes auf der Lenkstange seines Fahrrads an, wenn er seine heiße Brühe mit Fleischbällchen an den Mann bringen will.
Nicht verschmähen sollte man die Kost, die Kinder in zugedeckten Eimern auf der Straße anbieten. Nicht selten verbergen sich darin Köstlichkeiten, die ihre Mütter zu Hause selbst zubereitet haben. Oft erhält man so die Gelegenheit zu probieren, wie an heimischen Herden gekocht wird.

**Foto links:
Mobile Garküchen als Schnellimbiß für gefüllte Pfannkuchen und indonesische Frühlingsrollen sind im Handumdrehen aufgebaut.**

Land und Leute laden ein ...

Der Obst- und Gemüsehandel auf der Insel Borneo liegt fest in Frauenhänden.

Der tägliche Speiseplan

Fast jeder ältere Indonesier hat in seinem Leben schon einmal Hunger kennengelernt, und selbst heute fallen in den meisten indonesischen Häusern die täglichen Mahlzeiten bescheiden aus. Reis ist das Grundnahrungsmittel Nummer eins, und egal, was an Speisen aufgetragen wird, Reis steht immer im Mittelpunkt der Mahlzeit. Im kleinen Maßstab ist jedes indonesische Essen eine Reistafel, denn zum Reis werden gerne zwei oder drei Gemüse- oder Fleischgerichte und auch Suppen serviert. Wichtiger Bestandteil einer Mahlzeit sind die höllisch scharfen Sambals. Der Anteil an Fleisch, Fisch oder Gemüse ist für den europäischen Geschmack recht gering und dient nur dazu, dem Reis einen Beigeschmack zu geben. Es gibt nicht wie bei europäischen Menüs eine festgelegte Reihenfolge, in der die einzelnen Speisen serviert werden. Alle Gerichte werden auf einmal, oder kurz hintereinander, ohne viel Zeremoniell zusammen auf den Tisch gestellt. So kann man – je nach Appetit – nach Belieben auswählen und kombinieren. Ist man in einer indonesischen Familie eingeladen, fordert der Gastgeber mit dem Wort »Silakan« zum Essen auf. Man wird so lange Speisen nachgereicht bekommen, bis man etwas auf seinem Teller liegen läßt und damit anzeigt, daß man genug gegessen hat. In Bali und Java läßt man nach jedem Essen, um den Göttern Dankbarkeit zu zeigen, ein paar Körnchen Reis übrig. Vor allem auf dem Lande ist es noch üblich, mit den Fingern ausschließlich der rechten Hand zu essen. Die linke Hand gilt als unrein, da man mit ihr seine Toilettengeschäfte erledigt. Sie sollte niemals das Essen berühren.

Ansonsten ißt man mit Löffel und Gabel. Dabei schiebt man mit der Gabel in der linken das Essen auf den Löffel in der rechten Hand. Ein Messer benötigt man nicht. Falls es etwas zu schneiden gibt, hat dies der Koch oder die Köchin schon vorher erledigt.

Gegessen wird nicht, wie in China, aus Schälchen, sondern von Tellern oder Bananenblättern, die praktischerweise nach dem Essen weggeworfen werden können, so daß weniger Abwasch anfällt. Frühstück, Mittag- und Abendessen unterscheiden sich nur in ihrer Üppigkeit voneinander. Zum Abendessen, das traditionell in geselliger, harmonischer Runde nach Sonnenuntergang eingenommen wird, ist der Tisch, wenn man es sich leisten kann, mit köstlichen Speisen überladen. Und wenn etwas Reis übrig bleibt, dann schmeckt er auch am nächsten Tag gebraten (Nasi goreng), mit Spiegelei (Telur mata sapi) oder Omelettestreifen garniert, noch ausgezeichnet. Nudeln (Bakmie) sind eine willkommene Abwechslung im Speiseplan, ebenso wie Gemüsesalate, die gerne mit Erdnußsauce gegessen werden (Gado gado). Zu jedem scharfen Gericht wird ein mildes, zu jedem süßen ein saures, zu jedem gebratenen ein gedünstetes Gericht gereicht. Der Nachtisch besteht, wie in den meisten subtropischen und tropischen Ländern, fast immer aus frischem Obst. Kleine Kuchen und verlockende Süßspeisen stillen den Hunger zwischendurch.

Im Gegensatz zu den bescheidenen täglichen Mahlzeiten stehen die zu besonderen Anlässen verschwenderisch und mit großer Pracht und Extravaganz gefeierten Bankette, die man Selamatan nennt. Willkommene Anlässe für ein Selamatan finden sich immer, etwa der seltene Besuch eines Freundes. Es gibt aber auch besondere Gelegenheiten, zu denen ein Selamatan durchgeführt werden muß, wie nach einer Geburt, nach dem Tod eines Angehörigen, einer Beschneidung und bei Baubeginn oder Bauabschluß eines neuen Hauses.

Der Ochsenkarren ist ein wichtiges Gefährt abseits der Städte.

Strand von Senggigi auf Lombok: Am frühen Morgen kommen die Fischer mit ihrem Fang an Land.

Köstliche Erfrischung im Vorübergehen: Limonade und Kokosmilch sind die gängigsten Getränke.

Durststiller und andere Getränke

Zum Essen trinkt man in Indonesien eigentlich nur Wasser (Air) oder ungesüßten lauwarmen Tee (Teh), der meist auch noch recht dünn ist. Tee mit Zucker kostet in der Regel das Doppelte und mit Milch das Dreifache des normalen Preises. Als Teh panas ist er heiß, als Teh es wird er mit Eiswürfeln serviert.

1699 brachten die Holländer zum erstenmal Kaffee nach Indonesien, der seither auf Sumatra, Java, Bali und Sulawesi angebaut wird. Man bereitet ihn zu, indem man ihn selbst röstet, zerstampft, manchmal mit gerösteten Erdnüssen streckt und dann mit heißem Wasser zu einem starken Gebräu aufbrüht. Serviert wird er in Gläsern. Wer von zu Hause nur Filterkaffee gewöhnt ist, sollte unbedingt einmal den frischgerösteten, dickflüssigen, schwarzen indonesischen Kaffee probieren.

Softdrinks wie Coca Cola, Fanta und Sprite (letzteres oft mit Milch gemischt angeboten!) sind inzwischen bis in den letzten Winkel der Welt vorgedrungen. Dennoch hat es die Herstellung eigener sehr süßer und in den schillerndsten Farben leuchtender Limonaden in Indonesien zu einer beeindruckenden

Ananasschnitzerin in Yogyakarta: Als Service für die Kunden werden die Früchte bereits geschält.

Vielfalt gebracht. Sie sind zwar billiger als die Weltmarken, aber nicht unbedingt wohlschmeckender. Daneben gibt es noch zahlreiche andere Phantasiegetränke, die unter dem Namen Es minuman, Bajigur oder Cendol angeboten werden und hauptsächlich aus Kokosmilch mit verschiedenen Früchten oder aus feingeraspeltem Stangeneis mit bunt gefärbten Gelatinestückchen bestehen. Daneben bieten kleine Straßenstände Zuckerrohrsaft (Air tebu), oft direkt ins Glas gepreßt, und junge Kokosmilch (Air kelapa) an.

Für Bier (Bir) gilt: je mehr Touristen, desto mehr Bier im Angebot. Die bekanntesten Biersorten sind: Beck's, Anker, Bintang, San Miguel und Guinness, auch Bir hitam, »Bier schwarz« genannt. Man darf allerdings nicht davon ausgehen, daß diese in Indonesien unter Lizenz gebrauten Biere wie die Originale schmecken. Außerdem besitzen nur wenige Lokale einen Kühlschrank, und daher wird das Bier oft mit Eiswürfeln serviert. So manchem Deutschen sträuben sich da die Nackenhaare, aber erstens gewöhnt man sich daran, und zweitens heißt »Silakan tanpa es« bitte ohne Eis!

Da die Indonesier vorwiegend Muslime sind, ist der Alkoholkonsum relativ gering. Starke Sachen (Minuman keras) sind auf Inseln, deren Einwohner dem Islam angehören, generell verboten. Das bezieht sich allerdings nur auf den Verbrauch westlicher Produkte, denn der Indonesier verzichtet nur ungern auf seine traditionellen hausgemachten Spirituosen, wie etwa Tuak, ein milchiger Palmwein, den es in den Geschmacksrichtungen süß bis säuerlich gibt. Wie bei unserem Federweißen verursachen große Mengen Tuak allerdings oft starke Blähungen. Letztendlich geht es um das gemütliche Beisammensein, zu dem man sich am Abend an bestimmten Plätzen (Tempat tuak) trifft, herumsitzt, die mit Nelken versetzten Kretek-Zigaretten raucht, redet und eben trinkt. Die Balinesen produzieren Brem, einen beliebten Reiswein, der zwar trügerisch mild im Geschmack ist, aber trotzdem tückische Stärke besitzt. Aus Brem wird auch Arrak, Reisschnaps, gebrannt, dessen Alkoholgehalt mit unserem Korn vergleichbar ist. Pur ist Arrak kaum genießbar, schmeckt aber ganz hervorragend in Kaffee (Kopi arak) oder heißer Schokolade (Coklat panas).

Land und Leute laden ein ...

REIS

Für Reis gibt es in der indonesischen Küche keinen Ersatz. In irgendeiner Form kommt er fast überall dreimal am Tag auf den Tisch: zum Frühstück, mittags und zum Abendessen. Wie in fast allen asiatischen Kulturen nimmt Reis als wichtigstes Grundnahrungsmittel den größten Anteil einer Mahlzeit ein. Ungekocht heißen die weißen Körner Beras, gekocht Nasi.

Es gibt kaum eine denkbare Variante, den Reis unterschiedlich zuzubereiten, die in Indonesien nicht angeboten würde: vom einfachen Kochen in Wasser (Nasi putih, wörtlich »Reis weiß«) oder in Kokosmilch (Nasi uduk) über Braten mit verschiedenen Zutaten bis zum aufwendigeren Kochen und Rösten in Bananenblättern (Lontong), Palmblättern (Ketupat) oder in pyramidenförmig aufgewickelten Bambusblättern. Gebratener Reis (Nasi goreng) ist das beliebteste indonesische Nationalgericht. Es besteht aus vorgekochtem Reis, der mit Gewürzen und, je nach Preis, Saison und Region, auch mit Sojabohnenkeimlingen, Gemüsestreifen, geschnetzeltem Fleisch, Hühner- und Fischstückchen, Muscheln oder Garnelen gebraten wird, garniert mit einem Spiegelei oder mit Omelettestreifen. Aber wie auch in der europäischen Küche sind gerade die einfachsten Gerichte oft jene, die in Qualität und Geschmack die größten Unterschiede von Koch zu Koch aufweisen.

Weißer Reis

Grundrezept · Gelingt leicht **Nasi putih**

Zutaten für 4 Portionen:
300 g Langkornreis

Zubereitungszeit: 35 Min.

Pro Portion: 1100 kJ/260 kcal

1 Den Reis waschen, bis das Wasser klar bleibt, und abtropfen lassen.

2 Wenn Sie keinen speziellen Reisdampftopf haben, den Reis in einem Topf mit fest schließendem Deckel in ½ l Wasser aufsetzen. Sobald das Wasser kocht, die Hitze stark verringern und den Reis bei sehr schwacher Hitze zugedeckt 15–20 Min. garen. Wenn alles Wasser aufgesogen und die Oberfläche trocken ist, den Topf vom Herd nehmen. Reis vor dem Servieren noch etwa 10 Min. zugedeckt quellen lassen.

Info: In Indonesien wird meist der geschälte Reis verwendet, der von Keim und Silberhäutchen befreit wurde. Zwar ist der geschliffene und polierte Weißreis ansehnlicher und bis zu drei Jahren haltbar, dafür aber hat er wenig Vitamine und Mineral- und Ballaststoffe. Zu den besten Langkornsorten zählen der indonesische Langkornreis, der thailändische Duftreis, der Siam-Patuareis und der Basmatireis.

Tip! Reis wird in Indonesien stets ohne Salz zubereitet. Für den europäischen Geschmack empfiehlt es sich, den Reis mit ½ TL Salz zu garen. Zum Warmhalten oder Erwärmen von Reis können Sie ihn in einem Sieb über kochendem Wasser dämpfen.

Gelber Reis

Von Java und Bali · Geht schnell **Nasi kuning**

Zutaten für 4 Portionen:
300 g Langkornreis
2 Daun-salam-Blätter
½ TL Kurkuma (Gelbwurzpulver)
¾ TL gemahlener Koriander
¼ TL gemahlener Zimt
¼ TL gemahlene Gewürznelken
Salz

Zubereitungszeit: 35 Min.

Pro Portion: 1100 kJ/260 kcal

1 Den Reis waschen, bis das Wasser klar bleibt, und abtropfen lassen.

2 Reis in einem Topf mit fest schließendem Deckel mit ½ l Wasser aufsetzen. Die Gewürze hinzufügen. Sobald das Wasser kocht, die Hitze stark verringern. Den Reis zweimal umrühren, damit die Gewürze gut verteilt sind, und bei sehr schwacher Hitze zugedeckt 15–20 Min. garen. Wenn alles Wasser aufgesogen und die Oberfläche trocken ist, den Topf vom Herd nehmen. Reis noch etwa 10 Min. zugedeckt quellen lassen. Vor dem Servieren die Daun-salam-Blätter herausnehmen.

Variante: Gelber Kokosreis
(Nasi lemak)
Den Reis und die restlichen Zutaten nicht in Wasser, sondern in der gleichen Menge Kokosmilch kochen. Mit Röstzwiebeln garnieren.

Beilagentip: Knusprige Röstzwiebeln
8 Schalotten schälen und in sehr dünne Ringe schneiden. 4 EL Öl in einer Pfanne erhitzen. Zwiebelringe bei mittlerer Hitze anbräunen. Auf Küchenpapier abtropfen lassen, kalt stellen und luftdicht aufbewahren.

Info: Nasi kuning ist in Indonesien eine Speise für religiöse Feiern.

Kokosreis
Von Java und Bali · Gelingt leicht

Nasi uduk

Zutaten für 4 Portionen:
300 g Langkornreis
600 ml Kokosmilch, ungesüßt
Salz

Zubereitungszeit: 35 Min.

Pro Portion: 3900 kJ/930 kcal

1 Den Reis waschen, bis das Wasser klar bleibt, und abtropfen lassen.

2 Reis in einem Topf mit fest schließendem Deckel zusammen mit Kokosmilch und Salz aufsetzen. Sobald die Kokosmilch kocht, die Hitze stark verringern und bei sehr schwacher Hitze zugedeckt 15–20 Min. garen. Wenn alle Flüssigkeit aufgesogen und die Oberfläche trocken ist, den Topf vom Herd nehmen. Reis noch etwa 10 Min. zugedeckt quellen lassen.

Info: Die Reispflanze ist ein Symbol für Fruchtbarkeit, und der Respekt, den man ihr in Asien zollt, findet Ausdruck in vielen religiösen Zeremonien.

Tip! Vor dem Verwenden von Kokosmilch in Dosen, die als dünnflüssige Milch oder als dickflüssiger Extrakt erhältlich ist, müssen Sie diese gut umrühren. Durch die Lagerung trennt sich das Fett vom Wasser und schwimmt als dicke Schicht auf der Oberfläche. Der Extrakt läßt sich mit Wasser verdünnen. Da sich Kokosmilch nicht lange hält, sollte sie innerhalb von 24 Std. verbraucht werden.

Markt in Yogyakarta: Im Angebot sind Kokosnüsse und Papayas.

Kokosnuß

Ursprünglich war die Kokospalme auf den melanesischen Inseln im Pazifischen Ozean beheimatet. Ins Meer gefallene Kokosnüsse trieben jedoch Tausende von Kilometer über das Wasser. An den Küsten Indonesiens, wo sie an Land gespült wurden, keimten sie. Die Kokosnüsse reifen unter einer Krone aus gefiederten Palmblättern in 30 m Höhe in Bündeln heran. Ihr Kern wird von drei Schutzschichten umgeben: einer grünen oder hellbraunen ledrigen Außenhaut, einer 4–6 cm dicken Faserschicht, die aber bereits in Indonesien entfernt wird, und einer braunen, faserigen, den Kern umschließenden Schutzschicht. Wenn man die Nuß geknackt hat, stößt man auf den fast runden, von einer dünnen braunen Haut umgebenen Kern. Das weiße, fetthaltige Fruchtfleisch der Kokosnuß wird zur Gewinnung von Kokosöl oder -butter, Kokosmilch in Dosen, Konzentrat oder Creme und von Kokosraspeln verarbeitet. Es umschließt einen Hohlraum, der mit einer wäßrigen Flüssigkeit, dem Kokoswasser, gefüllt ist. Unreife Kokosnüsse enthalten das meiste Wasser. Es schmeckt süß-säuerlich und wird als köstliche Erfrischung gerne angeboten.

Gebratener Reis mit Gemüse

Nationalgericht · Sehr würzig

Nasi goreng istimewa

Zutaten für 4 Portionen:
200 g Langkornreis
Salz · 250 g Rindfleisch- oder Geflügelfilet
4 Schalotten
2 Knoblauchzehen
¼ TL Terasi (Garnelenpaste)
100 g Chinakohl
1 große Möhre
100 g frische enthülste Erbsen (ersatzweise tiefgekühlt)
100 g frische Sojabohnenkeimlinge
200 g gegarte, geschälte Garnelen
3–4 EL Kokosöl
3 EL Kecap manis (süße Sojasauce)
1 EL Tomatenketchup
1–2 TL Sambal ulek (S. 42)

Zubereitungszeit: 45 Min.

Pro Portion: 1600 kJ/380 kcal

1 Den Reis waschen, bis das Wasser klar bleibt, dann in einem Topf mit fest schließendem Deckel in 375 ml Salzwasser aufsetzen. Sobald das Wasser kocht, die Hitze stark verringern und den Reis bei schwacher Hitze zugedeckt 15–20 Min. garen. Wenn alles Wasser aufgesogen und die Oberfläche trocken ist, den Topf vom Herd nehmen. Reis vor dem Weiterverarbeiten noch etwa 10 Min. zugedeckt quellen lassen.

2 Inzwischen das Fleisch kalt abbrausen, abtrocknen und quer zur Faser in feine Streifen schneiden. Schalotten und Knoblauch schälen und kleinhacken. Terasi mit dem Löffelrücken zerdrücken. Chinakohl putzen, waschen und in etwa 1 cm breite Streifen schneiden. Möhre putzen, schälen, waschen und in streichholzfeine, etwa 5 cm lange Stifte schneiden. Erbsen, Sojabohnenkeimlinge und Garnelen nacheinander in einem Sieb mit kaltem Wasser abspülen und gut abtropfen lassen.

3 Öl im Wok oder in einer großen Pfanne erhitzen. Nach und nach das Fleisch darin unter Rühren etwa 2 Min. bei starker Hitze anbraten. Garnelen dazugeben und 1 weitere Min. mitbraten. Wieder herausnehmen. Schalotten und Knoblauch glasig dünsten. Die Erbsen einrühren und etwa 5 Min. vorgaren (ist bei tiefgekühlten nicht nötig). Möhrenstifte hineingeben und etwa 2 Min. rührend braten. Das restliche Gemüse hinzufügen und unter ständigem Rühren weitere 2 Min. dünsten. Schließlich den Reis unter das Gemüse mischen und gut durchbraten. Das Gericht mit Kecap manis, Tomatenketchup, Sambal ulek und Salz würzen. Alles vermengen und unter ständigem Rühren nochmals 2–3 Min. garen.

4 Zum Servieren jeweils eine Portion Nasi goreng istimewa fest in eine chinesische Reisschale drücken und auf einen Teller stürzen. Mit Omelettestreifen, Gurkenscheiben, knusprigen Röstzwiebeln und Krabbenbrot (Krupuk) können Sie nach Belieben den gebratenen Reis appetitanregend verzieren.

Tip! Kochen Sie den Reis am besten am Vortag, damit er bei der Weiterverarbeitung schön trocken ist. Dieses Gericht ist hervorragend geeignet, um Geflügel- und Fleischreste aufzubrauchen. Lassen Sie bei den Gemüsezutaten Ihrer Phantasie freien Lauf.

Variante: Gebratene Nudeln
(Bakmie goreng)
Nehmen Sie anstelle von Reis 250 g Eiernudeln (Mie). Nudeln in kochendes Wasser geben, Nester auseinanderziehen. Die Kochzeit richtet sich nach der Nudelart (Kochanweisung auf der Packung beachten). Abgießen, mit kaltem Wasser abschrecken und wie im Rezept beschrieben weiter zubereiten.

Beilagentip: Omelettestreifen
2 Eier gründlich verquirlen. In einer geölten Pfanne Omelettes backen. Erkalten lassen und in feine Streifen schneiden. Reis, Nudeln oder Suppen damit verzieren.

Gut vorzubereiten · Gelingt leicht

Nasi goreng
Gebratener Reis

Zutaten für 4 Portionen:
200 g Langkornreis
Salz
4 Schalotten
2 Knoblauchzehen
¼ TL Terasi (Garnelenpaste)
1 EL Kokosöl
+ 4 EL Öl zum Reisbraten
4 Eier
3 EL Kecap manis (süße Sojasauce)
1 EL Tomatenketchup
1–2 TL Sambal ulek (S. 42)
nach Belieben 1 Zweig frisches Koriandergrün

Zubereitungszeit: 45 Min.

Pro Portion: 1600 kJ/380 kcal

1 Den Reis waschen, bis das Wasser klar bleibt, dann in einem Topf mit fest schließendem Deckel in 375 ml Salzwasser aufsetzen. Sobald das Wasser kocht, die Hitze stark verringern und den Reis bei sehr schwacher Hitze zugedeckt 15–20 Min. garen. Wenn alles Wasser aufgesogen und die Oberfläche trocken ist, den Topf vom Herd nehmen. Reis vor der Weiterverarbeitung etwa 10 Min. zugedeckt quellen lassen.

2 Schalotten und Knoblauch schälen und fein hacken. Terasi mit dem Löffelrücken zerdrücken.

3 In einer Pfanne 1 EL Öl erhitzen. Die Eier aufschlagen und bei mittlerer Hitze 4 Spiegeleier braten, salzen und beiseite stellen.

4 Wenn der Reis gar ist, das restliche Öl im Wok oder in einer großen Pfanne erhitzen. Schalotten, Knoblauch und Terasi glasig dünsten. Den Reis hinzufügen und bei starker Hitze etwa 3 Min. rührend braten. Dann Kecap manis, Tomatenketchup und Sambal ulek unter den Reis mischen und alles unter ständigem Rühren in weiteren 3 Min. fertigbraten.

5 Den gebratenen Reis auf vier Teller verteilen und auf jede Portion ein Spiegelei legen. Nach Belieben mit frischem Koriandergrün bestreuen und mit Gurkenscheiben, Röstzwiebeln oder Krabbenbrot (Krupuk) verzieren.

Kecap manis

Die Briten haben das indonesisch-chinesische Wort kecap aus Malaysia mitgebracht und bei uns eine inzwischen in aller Welt berühmt gewordene Tomatensauce danach benannt: den Ketchup. Bei kecap handelt es sich aber nicht um eine Tomatensauce, sondern um eine aus fermentierten Sojabohnen hergestellte indonesische Sojasauce, Basisgewürz für fast alle indonesischen Saucen und Marinaden. Die Indonesier benutzen zwei Sorten: Kecap asin heißt die salzigere Sorte, die sich auch durch chinesische oder japanische Sojasauce ersetzen läßt. Kecap manis dagegen ist dickflüssig, dunkel und süß. Es ist für die indonesische Küche unverzichtbar und verleiht den meisten Gerichten eine braune Farbe und die typische, leicht süßliche Note. Kecap manis hält sich fast unbegrenzt. Die süße Sojasauce sollte aber immer erst am Ende des Kochvorgangs zugefügt werden, da sie leicht anbrennt.

Kecap manis ist ein indonesisches Sojaprodukt mit süßlicher Note.

Gefüllte Reisröllchen

Sehr würzig · Gut vorzubereiten
Lemper ketan

Zutaten für 20 Reisrollen:
1 großes Bananenblatt (tiefgekühlt)
250 g Klebreis (Ketan)
400 ml Kokosmilch, ungesüßt
500 g Hühnerbrustfilet
½ Bund Frühlingszwiebeln
3–4 Knoblauchzehen
4 Kemirinüsse
¼ TL Terasi (Garnelenpaste)
2–3 EL Kokosöl
½–1 TL Sambal ulek (S. 42)
½ TL Kurkuma (Gelbwurzpulver)
2 TL gemahlener Koriander
1 TL Palmzucker · Salz
schwarzer Pfeffer, frisch gemahlen
etwas Pflanzenöl zum Einpinseln
10 Holzspießchen

Zubereitungszeit: 1 Std.

Pro Stück: 330 kJ/79 kcal

1 Tiefgekühltes Bananenblatt auftauen lassen, dann kurz in kochendes Wasser tauchen und trockentupfen.

2 Den Reis waschen, bis das Wasser klar bleibt, und abtropfen lassen. Von der Kokosmilch 300 ml abnehmen und mit dem Klebreis und 400 ml Wasser in einem Topf mit fest schließendem Deckel bei schwacher Hitze zugedeckt 15–20 Min. garen. Wenn die Flüssigkeit aufgesogen und die Oberfläche trocken ist, den Topf vom Herd nehmen. Reis etwa 10 Min. zugedeckt quellen lassen.

3 Inzwischen das Hühnerbrustfilet kalt abbrausen, abtrocknen und quer zur Faser sehr fein schnetzeln. Die Frühlingszwiebeln putzen, waschen und schräg in dünne Ringe schneiden. Knoblauch schälen und zerdrücken. Kemirinüsse fein reiben. Terasi mit dem Löffelrücken zerdrücken.

4 Öl im Wok oder in einer Pfanne erhitzen. Frühlingszwiebeln und Knoblauch 1–2 Min. glasig dünsten. Nach und nach das geschnetzelte Hühnerfleisch darin unter Rühren etwa 2 Min. bei starker Hitze anbraten. Kemirinüsse, Gewürze und Palmzucker dazugeben. Restliche Kokosmilch angießen und die Sauce etwas eindicken lassen.
Mit Salz und Pfeffer abschmecken.

5 Klebreis und Fleischmischung etwas abkühlen lassen. Inzwischen das Bananenblatt in 20 Rechtecke (etwa 10 x 15 cm) schneiden. Diese innen mit etwas Pflanzenöl einpinseln. Holzspießchen halbieren.

6 Die Blattstücke jeweils mit 1 EL Klebreis und 1 TL Fleischmischung füllen. Dann die Rechtecke locker aufrollen und die offenen Enden mit den Holzspießchenhälften zustecken.

Tip! Die Päckchen lassen sich gut einen Tag vorher zubereiten. Sie werden kalt, 15 Min. über Wasserdampf in Dampfkörbchen erhitzt oder gegrillt serviert. Gefüllte Reisröllchen in der Mitte schäg aufschneiden. Sambal ulek, selbstgemacht oder aus dem Glas, dazu reichen. Die Bananenblätter dienen nur als Hülle und sollten nicht gegessen werden.

Reis in Bananenblättern

Von Java · Etwas schwieriger **Lontong**

Zutaten für 20 Reispäckchen:
500 g Klebreis (Ketan)
1 großes Bananenblatt (tiefgekühlt)
oder Alufolie
etwas Pflanzenöl zum Einpinseln
10 Holzspießchen
Salz
nach Belieben 1 EL Kecap manis
(süße Sojasauce)

Zubereitungszeit: 30 Min.
(+ 1 Std. Garen, + 3 Std. Abkühlen)

Pro Stück: 360 kJ/86 kcal

1 Den Reis waschen, bis das Wasser klar bleibt, und abtropfen lassen.

2 Tiefgekühltes Bananenblatt auftauen lassen, dann kurz in kochendes Wasser tauchen und trockentupfen. Mit einer Schere in 20 Quadrate (etwa 15 x 15 cm) schneiden. Die Quadrate mit etwas Pflanzenöl auf der glatten Seite leicht einpinseln. Holzspießchen in der Mitte halbieren. Jeweils ein Quadrat zu einem Zylinder aufrollen, wobei das eine Ende etwa 2 cm über das andere lappen sollte. Untere Öffnung mit einem halben Holzspießchen verschließen. Durch die obere Öffnung den Zylinder zu einem Drittel mit Klebreis (1 EL) füllen, damit der Reis genug Platz zum Ausdehnen hat, dann mit der anderen Holzspießchenhälfte verschließen.

3 Inzwischen einen großen Topf zur Hälfte mit Wasser füllen und zum Kochen bringen. Salz und Bananenblätterpäckchen hineingeben. Diese müssen vollständig mit Wasser bedeckt sein. Nach dem Aufwallen die Hitze verringern und die Reispäckchen bei schwacher Hitze zugedeckt etwa 1 Std. garen, bis der Klebreis ganz aufgequollen ist. Zum Schluß sollen die Bananenblätter prall gefüllt sein.

4 Die fertigen Reispäckchen mit einem Schaumlöffel aus dem Wasser nehmen und abkühlen lassen. Dabei klebt der Reis in kompakten Blöcken zusammen, die man zum Servieren entweder in der Mitte schräg aufschneidet und auspackt oder eingewickelt zu Fleischgerichten, Suppen oder Salaten reicht. Nach Belieben mit süßer Sojasauce würzen.

Tip! Ist Ihnen der Aufwand zu groß, kochen Sie Kochbeutelreis doppelt so lange wie angegeben und lassen ihn im Beutel abkühlen.

Reis mit knusprigem Huhn

Von den Kleinen Sundainseln
Nasi kebuli

Zutaten für 4 Portionen:
1 küchenfertiges Huhn (etwa 1,5 kg)
1 Bund Frühlingszwiebeln
3 Knoblauchzehen
1 Stück frischer Ingwer oder Galgant (4 cm)
1 Stengel frisches Zitronengras
3 Gewürznelken
½–1 TL Sambal ulek (S. 42)
½ TL Kurkuma (Gelbwurzpulver)
2 TL gemahlener Koriander
½ TL Zimt · Salz
200 g Langkornreis
3–4 EL Kokosöl

Zubereitungszeit: 50 Min.

Pro Portion: 3100 kJ/740 kcal

1 Das Huhn in 8 Teile zerlegen, gründlich waschen und abtrocknen. Den größten Teil der Haut dabei abziehen.

2 Frühlingszwiebeln putzen, waschen und schräg in dünne Ringe schneiden. Knoblauch schälen und zerdrücken. Ingwer oder Galgant schälen und fein raspeln. Vom Zitronengras den dicken, unteren Teil des Stengels kleinhacken. Nelken im Mörser zerstoßen.

3 Die Hühnerteile mit allen Würzzutaten in einen Topf geben, mit ½ l Wasser bedecken und bei mittlerer Hitze zugedeckt etwa 20 Min. kochen.

4 Inzwischen den Reis waschen, bis das Wasser klar bleibt, und abtropfen lassen. Das Fleisch aus der Brühe nehmen, den Reis einstreuen und bei schwacher Hitze zugedeckt etwa 20 Min. garen, bis die Brühe aufgesogen und die Oberfläche trocken ist.

5 Öl im Wok oder in einer großen Pfanne erhitzen. Die Fleischstücke nach und nach darin rundherum knusprig braten. Den Reis mit den Hühnerteilen auf einer Platte mit Bananenblatt dekorativ anrichten.

Tip! Das Huhn zerlegen Sie so: Die Keulen mit einer Geflügelschere direkt am Körper abschneiden. Die Brust am Brustbein entlang halbieren. Das Huhn herumdrehen und den Rücken mit einem Küchenbeil in zwei Teile hacken. Die Flügel am oberen Gelenk abtrennen. Die Hühnerteile von Knochensplittern befreien.

SAMBALS UND CURRIES

Fleisch, Fisch oder Gemüse werden von Indonesiern besonders gerne als Sambals oder Curries zubereitet.
Bei den gaumenverbrennenden Sambals sind zweifellos die mit einem uns oft unverständlichen Überfluß zum Würzen benutzten roten und grünen Chilischoten das dominierende Element. Die Vielfalt an Sambals reicht von einfachen Gewürzpasten aus zerstoßenen Chilischoten (z.B. Sambal ulek) bis hin zu gebratenen Gerichten aus Gemüse, Eiern, Fleisch, Fisch und Meeresfrüchten – natürlich immer mit Chilistreifen.
Bei dem Begriff »Curry« treten oft Mißverständnisse auf. Die Briten leiteten dieses Wort vom indischen »Kari« ab und benannten eine Gewürzmischung danach. In Indien, dem Ursprungsland der Curries, wird damit jedoch eine ganz bestimmte Zubereitungsart bezeichnet, bei der Gemüse, Fleisch oder Meerestiere mit duftenden Gewürzen meist in einer Joghurtsauce geschmort werden. Indische Händler machten diese Zubereitungsart auch in Indonesien, vor allem auf der Insel Sumatra, populär. Ihre ganz eigene milde Note erhalten die indonesischen Curries jedoch durch Kokosmilch, die den in Indonesien unbekannten Joghurt ersetzt.

Sambal ulek
Chilisauce

Grundrezept · Sehr scharf

Zutaten für 10 TL:
10 frische rote Chilischoten
4 EL Sonnenblumenöl
Salz

Zubereitungszeit: 15 Min.

Pro TL: 120 kJ/29 kcal

1 Chilischoten waschen und mitsamt den Kernen in grobe Ringe schneiden, dabei die Stiele entfernen. Vorsicht, sind sehr scharf, nicht in die Nähe der Augen bringen. Mit Sonnenblumenöl und Salz im Mixer zu einer dicken Paste pürieren.

2 Die Chilipaste in einem Pfännchen unter ständigem Rühren etwa 10 Min. erhitzen, bis sich Öl auf der Oberfläche absetzt, dann abkühlen lassen.

3 Das Sambal zu allen Reisgerichten servieren und als Würzzutat zum Schärfen von Fleisch-, Geflügel-, Fisch- und Gemüsegerichten verwenden.

Variante: Gewürzte Chilisauce
(Sambal bajak)
Mischen Sie unter die beschriebene Chilipaste ½ Bund kleingeschnittene Frühlingszwiebeln, 5 gehackte Knoblauchzehen, 5 feingeriebene Kemirinüsse und ¼ TL zerdrücktes Terasi. Paste etwa 2 Min. unter ständigem Rühren in einer Pfanne erhitzen. Mit 150 ml Kokosmilch ablöschen. Sambal bei schwacher Hitze etwa 10 Min. köcheln, dabei öfters umrühren.

Tip! Sie können Sambal ulek in jedem gut sortierten Supermarkt und natürlich im Asienladen fertig im Glas kaufen. Selbstgemachtes Sambal ulek hält sich im Kühlschrank etwa zwei Wochen.

Chili-Soja-Sauce
Sambal kecap

Sehr würzig · Geht schnell

Zutaten für 1 Glas:
1–2 frische rote Chilischoten
3 Knoblauchzehen
¼ Bund Frühlingszwiebeln
200 ml Sojasauce

Zubereitungszeit: 15 Min.

Pro Glas: 720 kJ/170 kcal

1 Chilischoten waschen, der Länge nach halbieren, Kerne und Stiele herauslösen. Die Hälften in feine Streifen schneiden. Vorsicht, sind sehr scharf, nicht in die Nähe der Augen bringen. Knoblauch schälen und zerdrücken. Frühlingszwiebeln putzen, waschen und in dünne Ringe schneiden.

2 Alle Zutaten mit Sojasauce in einem Schälchen miteinander verrühren. Das Sambal paßt zu allen Reisgerichten.

Variante: Süße Chili-Soja-Sauce
(Sambal kecap manis)
Statt der salzigen Sojasauce Kecap manis (süße Sojasauce) nehmen.

Info: Frühlingszwiebeln sind eine hervorragende Vitamin-C-Quelle. Außerdem weisen sie relativ hohe Mengen der Vitamine B_1, B_2 und B_6 auf.

Tip! Beim Kleinschneiden der Chilischoten ziehen Sie am besten Wegwerfhandschuhe an, denn die ätherischen Öle brennen stark. In den Kernen steckt übrigens das meiste Feuer. Hände, Messer und Brett gründlich abwaschen.

Scharfe Tomatensauce

Sehr scharf · Gelingt leicht Sambal cobek

Zutaten für 4 Portionen:
2 große Fleischtomaten
2 Knoblauchzehen
2 frische rote oder grüne Chilischoten
1 Msp. Terasi (Garnelenpaste)
Salz

Zubereitungszeit: 15 Min.

Pro Portion: 58 kJ/14 kcal

1 Tomaten überbrühen, enthäuten und die Stielansätze entfernen. Fruchtfleisch kleinhacken. Knoblauch schälen und zerdrücken. Chilischoten waschen, der Länge nach halbieren, Kerne und Stiele herauslösen. Die Hälften in feine Streifen schneiden. Vorsicht, sind sehr scharf, nicht in die Nähe der Augen bringen. Terasi mit dem Löffelrücken zerdrücken

2 Alle Zutaten in einem Schälchen mit Terasi vermengen. Das Sambal paßt zu allen Reisgerichten.

Info: Dieses Sambal ist übrigens nach Cobek, dem Holzmörser, in welchem die Indonesier Chilischoten zermahlen, benannt.

Tip! Die Schärfe der Chilischoten wird oft durch Kokosmilch oder Gurken gemildert. Wenn es einmal zu sehr brennt, essen Sie 1–2 EL Kokosraspel (frisch oder getrocknet). Auch Joghurt oder heißer Tee lindern das Feuer. Nicht geeignet sind Wasser und andere kalte Getränke.

Eier in Chilisauce

Von den Kleinen Sundainseln Telur belado

Zutaten für 4 Portionen:
8 Eier
2–3 frische rote oder grüne Chilischoten
½ Bund Frühlingszwiebeln
3 Knoblauchzehen
1 Stück frischer Ingwer (4 cm)
1 Stengel frisches Zitronengras
¼ TL Terasi (Garnelenpaste)
2 EL Kokosöl
¼ l Kokosmilch, ungesüßt
2 TL Palmzucker · Salz

Zubereitungszeit: 25 Min.

Pro Portion: 640 kJ/150 kcal

1 Eier in einem Topf mit Wasser bedeckt bei mittlerer Hitze 8–10 Min. kochen. Danach aus dem Wasser nehmen, abschrecken und pellen.

2 Während die Eier kochen, können die restlichen Zutaten vorbereitet werden: Chilischoten waschen, der Länge nach halbieren, Kerne und Stiele herauslösen. Die Hälften in feine Streifen schneiden. Vorsicht, sind sehr scharf, nicht in Nähe der Augen bringen. Frühlingszwiebeln putzen, waschen und in dünne Ringe schneiden. Knoblauch schälen und zerdrücken. Ingwer schälen und fein raspeln. Vom Zitronengras den dicken, unteren Teil des Stengels kleinhacken. Terasi mit dem Löffelrücken zerdrücken.

3 Öl im Wok oder in einer Pfanne erhitzen. Alle Würzzutaten bei mittlerer Hitze darin unter ständigem Rühren 2–3 Min. dünsten. Mit Kokosmilch ablöschen, Palmzucker hinzufügen und die Sauce etwas eindicken lassen. Eier (ganz oder halbiert) hineinlegen und das Gericht bei schwacher Hitze zugedeckt etwa 3 Min. ziehen lassen. Mit Salz abschmecken. Auf Bananenblatt zu Reis, Gurkensalat und Krabbenbrot (Krupuk) servieren.

Gebratene Hühnerleber

Von Sulawesi · Geht schnell

Sambal goreng hati

Zutaten für 4 Portionen:
1 EL Tamarindenmark
500 g Hühnerleber
250 g frische Sojabohnenkeimlinge
3 frische rote oder grüne Chilischoten
4 Schalotten
1 Stengel frisches Zitronengras
¼ TL Terasi (Garnelenpaste)
2–3 EL Kokosöl
2 TL Palmzucker
250 ml Kokosmilch
Salz
3 Zweige frisches Koriandergrün

Zubereitungszeit: 30 Min.

Pro Portion: 2100 kJ/500 kcal

1 Tamarindenmark in einer Schüssel mit 100 ml heißem Wasser einweichen.

2 Hühnerlebern gründlich waschen, trockentupfen und fein schnetzeln. Sojabohnenkeimlinge mit heißem Wasser überbrühen und abtropfen lassen.

3 Chilischoten waschen, der Länge nach halbieren, Kerne und Stiele herauslösen. Die Hälften schräg in feine Streifen schneiden. Vorsicht, sind sehr scharf, nicht in die Nähe der Augen bringen. Schalotten schälen, halbieren und in dünne Scheiben schneiden. Vom Zitronengras den dicken, unteren Teil des Stengels kleinhacken. Terasi mit dem Löffelrücken zerdrücken.

4 Tamarindenmark im Einweichwasser verrühren, bis dieses dick und braun wird, und durch ein Sieb streichen. Den Saft auffangen.

5 Öl in einer Pfanne erhitzen. Hühnerlebern portionsweise bei starker Hitze etwa 2 Min. rundherum anbraten. Aus der Pfanne nehmen. Chili, Schalotten und Zitronengras darin in 2–3 Min. glasig dünsten. Sojabohnenkeimlinge dazugeben und etwa 1 Min. rührend braten. Terasi und Palmzucker hinzufügen. Mit Tamarindensaft ablöschen, Kokosmilch angießen und kurz aufkochen. Hitze reduzieren, Hühnerlebern untermischen und 1–2 Min. ziehen lassen. Salzen und mit Koriandergrün garnieren. Dazu Reis servieren.

Gebratenes Rindfleisch

Von den Kleinen Sundainseln

Sambal goreng daging

Zutaten für 4 Portionen:
750 g Rinderfilet oder Rumpsteak
4 Tomaten · 3–4 rote Chilischoten
1 Bund Frühlingszwiebeln
3–4 Knoblauchzehen
1 Stück frischer Ingwer (4 cm)
1 Stengel frisches Zitronengras
¼ TL Terasi (Garnelenpaste)
3–4 EL Kokosöl
2 TL gemahlener Koriander
1 TL Palmzucker
Salz
Sambal ulek (S. 42)

Zubereitungszeit: 45 Min.

Pro Portion: 1300 kJ/310 kcal

1 Das Fleisch kalt abspülen, trockentupfen und in Würfel schneiden. Tomaten überbrühen, enthäuten, Stielansätze und Kerne entfernen. Fruchtfleisch kleinhacken. Chilischoten waschen, der Länge nach halbieren, Kerne und Stiele herauslösen. Die Hälften in feine Streifen schneiden. Frühlingszwiebeln putzen, waschen und in etwa 3 cm lange, schräge Stücke schneiden. Knoblauch schälen und zerdrücken. Ingwer schälen und fein raspeln. Vom Zitronengras den dicken, unteren Teil des Stengels kleinhacken. Terasi mit dem Löffelrücken zerdrücken.

2 Öl im Wok oder in einer Kasserolle erhitzen. Die Fleischwürfel bei starker Hitze darin portionsweise rundherum anbraten. Wieder herausnehmen. Chilistreifen, Zwiebelstücke, Knoblauch, Ingwer, Zitronengras und Terasi in 3–5 Min. unter ständigem Rühren glasig dünsten. Koriander, Palmzucker und gehackte Tomaten einrühren. Die gebratenen Fleischwürfel untermischen und bei schwacher Hitze zugedeckt 5–10 Min. schmoren, bis das Fleisch zart ist. Mit Salz abschmecken. Dazu Reis und Sambal ulek servieren.

Variante: Gebratenes Lammfleisch
(Sambal goreng kambing)
Statt des Rinderfilets können Sie auch Lammfleisch nehmen.

46 **Sambals und Curries**

Gebratener Tintenfisch

Von Sulawesi · Scharf Sambal goreng cumi cumi

Zutaten für 4 Portionen:
1 EL Tamarindenmark
600 g küchenfertig vorbereitete
Tintenfische (frisch oder tiefgekühlt)
3–4 frische Chilischoten
1 Bund Frühlingszwiebeln
5 Knoblauchzehen
1 Stück frischer Ingwer (4 cm)
2 TL Palmzucker
2–3 EL Kokosöl
Salz

Zubereitungszeit: 45 Min.

Pro Portion: 700 kJ/170 kcal

1 Tamarindenmark in einer Schüssel mit 200 ml heißem Wasser einweichen.

2 Inzwischen Tintenfische gründlich abspülen und trockentupfen. Tintenfischmantel in mundgerechte Ringe schneiden.

3 Chilischoten waschen, der Länge nach halbieren, Kerne und Stiele herauslösen. Die Hälften in feine Streifen schneiden. Vorsicht, sind sehr scharf, nicht in die Nähe der Augen bringen. Frühlingszwiebeln putzen, waschen und schräg in dünne Ringe schneiden. Einige grüne Zwiebelringe beiseite legen. Knoblauch schälen und zerdrücken. Ingwer schälen und fein raspeln.

4 Die vorbereiteten Zutaten außer dem Tamarindenmark mit Palmzucker zu einer dicken Paste verrühren.

5 Tamarindenmark im Einweichwasser verrühren, bis dieses dick und braun wird, und durch ein Sieb streichen. Den Saft auffangen.

6 Öl im Wok oder in einer Kasserolle erhitzen. Tintenfischstücke bei starker Hitze darin portionsweise rundherum etwa 5 Min. anbraten. Gewürzpaste untermengen und unter ständigem Rühren etwa 3 Min. mitbraten. Mit Tamarindensaft ablöschen. Salzen, zugedeckt 15–20 Min. bei mittlerer Hitze schmoren. Mit den übrigen Zwiebelringen garnieren. Dazu Reis reichen.

Tintenfisch

Die in allen Meeren am weitesten verbreiteten eßbaren Mitglieder der saugnapfbewehrten Kopffüßler sind der zehnarmige Tintenfisch (Sepia) und der Kalmar. In den tropischen Gewässern Indonesiens ist vor allem der achtarmige Krake (Octopus) geschätzt, von dem aber nur wenige Arten in der heimischen Küche Verwendung finden. Auf den Fischmärkten werden fangfrische Tintenfische überall angeboten. Junge Exemplare mit zartfleischigen Fangarmen schmecken köstlich, wenn man sie im ganzen zubereitet. Bei Kraken oder größeren Kalmaren muß das Fleisch

Tintenfisch, Krake und Kalmar gehören zur Familie der Kopffüßler.

geklopft werden, damit es mürbe wird. Sie benötigen auch eine längere Garzeit. Tintenfische und Kalmare haben im Inneren eine Kalkschale, die beim Säubern herausgelöst wird. Dabei stülpt man den Körperbeutel unter fließendem Wasser um. Augen, Innereien und Tintenbeutel werden entfernt

Gebratene Garnelen

Von Java · Scharf **Sambal goreng udang**

Zutaten für 4 Portionen:
2–3 frische rote oder grüne Chilischoten
¼ Bund Frühlingszwiebeln
3 Knoblauchzehen
1 Stück frischer Ingwer (4 cm)
1 Stengel frisches Zitronengras
2 TL Palmzucker
500 g geschälte, gegarte Riesengarnelen
2–3 EL Kokosöl
¼ l Kokosmilch, ungesüßt
Salz

Zubereitungszeit: 30 Min.

Pro Portion: 1900 kJ/450 kcal

1 Chilischoten waschen, der Länge nach halbieren, Kerne und Stiele herauslösen. Die Hälften in feine Streifen schneiden. Vorsicht, sind sehr scharf, nicht in die Nähe der Augen bringen. Frühlingszwiebeln putzen, waschen und in etwa 5 cm lange Stücke, diese dann in feine Streifen schneiden. Einige grüne Zwiebelstreifen beiseite legen. Knoblauch schälen und zerdrücken. Ingwer schälen und fein raspeln. Vom Zitronengras den dicken, unteren Teil des Stengels kleinhacken, Chilistreifen, Knoblauch, Ingwer, Zitronengras und Palmzucker zu einer Paste verarbeiten. Die Garnelen in einem Sieb kalt abbrausen und trockentupfen.

2 Öl im Wok erhitzen. Gewürzpaste darin bei mittlerer Hitze glasig dünsten. Zwiebelstreifen hinzufügen und etwa 1 Min. rührend braten. Garnelen dazugeben und nur ganz kurz mitbraten. Mit Kokosmilch ablöschen und das Gericht bei schwacher Hitze in etwa 3 Min. fertig köcheln. Salzen und mit den übrigen grünen Zwiebelstreifen bestreut zu Reis und Krabbenbrot (Krupuk) servieren.

Variante: Garnelen süß-sauer
(Udang goreng asam manis)
Die gleiche Menge Garnelen nicht mit Kokosmilch, sondern mit ¼ l Tamarindensaft (1 EL Tamarindenmark) ablöschen.

Auberginen in Chilisauce

Von den Kleinen Sundainseln **Sambal goreng terong**

Zutaten für 4 Portionen:
1 EL Tamarindenmark
2 frische rote Chilischoten
1 Bund Frühlingszwiebeln
4–5 Knoblauchzehen
¼ TL Terasi (Garnelenpaste)
2 große Auberginen
6 EL Kokosöl
3 TL Palmzucker
1 ½ TL gemahlener Koriander
Salz
3 Zweige frisches Koriandergrün

Zubereitungszeit: 45 Min.

Pro Portion: 730 kJ/170 kcal

1 Tamarindenmark in einer Schüssel mit ¼ l heißem Wasser einweichen.

2 Chilischoten waschen, der Länge nach halbieren, Kerne und Stiele herauslösen. Die Hälften schräg in feine Streifen schneiden. Vorsicht, sind sehr scharf, nicht in die Nähe der Augen bringen. Frühlingszwiebeln putzen, waschen und in dünne Ringe, die grünen Teile in etwa 5 cm lange Stücke und diese in feine Streifen schneiden. Zwiebelgrün beiseite legen. Knoblauch schälen und kleinhacken. Terasi mit dem Löffelrücken zerdrücken.

3 Von den Auberginen die Stielansätze entfernen. Die ungeschälten Früchte waschen und der Länge nach in etwa 1 cm dicke Scheiben, dann in Würfel schneiden.

4 Tamarindenmark im Einweichwasser verrühren, bis dieses dick und braun wird, und durch ein Sieb streichen. Den Saft auffangen.

5 Öl in einer Kasserolle erhitzen. Chilistreifen, Zwiebelringe und Knoblauch darin glasig dünsten. Auberginenwürfel hinzufügen und bei mittlerer Hitze rundherum anbraten. Terasi und Palmzucker untermischen. Tamarindensaft angießen. Mit Koriander und Salz würzen und das Ganze 20–25 Min. schmoren. Zum Schluß die übrigen Zwiebelstreifen und das gehackte Koriandergrün darüber streuen.

Sambals und Curries

Blumenkohl mit Chilistreifen

Von Java · Sehr scharf **Tumis kembang kol**

Zutaten für 4 Portionen:
1 Blumenkohl (etwa 1 kg)
3 frische rote Chilischoten
½ Bund Frühlingszwiebeln
3 Knoblauchzehen
1 Stück frischer Ingwer (4 cm)
¼ TL Terasi (Garnelenpaste)
3–4 EL Kokosöl
1 EL Sojasauce
2 EL Kecap manis (süße Sojasauce)
Sambal ulek (S. 42)

Zubereitungszeit: 40 Min.

Pro Portion: 540 kJ/130 kcal

1 Blumenkohl vom Strunkende befreien, waschen und in mundgerechte Röschen zerteilen. Chilischoten waschen, der Länge nach halbieren, Kerne und Stiele herauslösen. Die Hälften in feine Streifen schneiden. Vorsicht, sind sehr scharf, nicht in die Nähe der Augen bringen. Frühlingszwiebeln putzen, waschen und schräg in dünne Ringe schneiden. Knoblauch schälen und zerdrücken. Ingwer schälen und fein raspeln. Terasi mit dem Löffelrücken zerdrücken.

2 Salzwasser zum Kochen bringen. Blumenkohl hineingeben. Aufkochen lassen und zugedeckt bei mittlerer Hitze in etwa 10 Min. bißfest garen. Blumenkohl in ein großes Sieb abgießen.

3 Inzwischen Öl im Wok oder in einer Kasserolle erhitzen. Chilistreifen, Zwiebeln, Knoblauch und Ingwer bei mittlerer Hitze unter ständigem Rühren in etwa 3 Min. glasig dünsten. Terasi hinzufügen. Mit den Sojasaucen und 100 ml Wasser ablöschen und die Sauce etwas eindicken lassen. Den fertig gegarten Blumenkohl untermischen und bei schwacher Hitze weitere 3 Min. ziehen lassen. Dazu Reis und Sambal ulek, selbstgemacht oder aus dem Glas, servieren.

Tip! Schalten Sie beim Braten der Chilistreifen Ihren Dunstabzug ein, da die Chilidämpfe sehr unangenehm sind.

Bohnen mit Chilistreifen

Von Java · Sehr würzig **Sambal goreng buncis**

Zutaten für 4 Portionen:
750 g grüne Bohnen
Salz
3 frische rote Chilischoten
½ Bund Frühlingszwiebeln
3 Knoblauchzehen
1 Stück frischer Ingwer (4 cm)
¼ TL Terasi (Garnelenpaste)
3–4 EL Kokosöl
3 TL Palmzucker
200 ml Kokosmilch, ungesüßt

Zubereitungszeit: 40 Min.

Pro Portion: 1600 kJ/380 kcal

1 Bohnen waschen, putzen und in leicht gesalzenes, kochendes Wasser geben. Etwa 5 Min. kochen lassen, dann in ein Sieb abgießen.

2 Chilischoten waschen, der Länge nach halbieren, Kerne und Stiele herauslösen. Die Hälften längs in feine Streifen schneiden. Vorsicht, sind sehr scharf, nicht in Nähe der Augen bringen. Frühlingszwiebeln putzen, waschen und in dünne Ringe schneiden. Knoblauch schälen und zerdrücken. Ingwer schälen und fein raspeln. Terasi mit dem Löffelrücken zerdrücken.

3 Öl im Wok oder in einer Kasserolle erhitzen. Chilistreifen, Zwiebelringe, Knoblauch und Ingwer bei mittlerer Hitze darin unter ständigem Rühren etwa 3 Min. glasig dünsten. Terasi und Palmzucker hinzufügen. Mit Kokosmilch ablöschen und die Sauce etwas eindicken lassen. Vorgegarte Bohnen untermischen und bei schwacher Hitze in etwa 5 Min. fertiggaren. Mit Salz abschmecken. Dazu Reis und Krabbenbrot (Krupuk) servieren.

Tip! Die Vielfalt der indonesischen Küche zeigt sich in den Sambals. Knusprig, scharf oder würzig lassen sie sich mit viel Phantasie aus den unterschiedlichsten Zutaten zaubern. Probieren Sie es doch einmal mit Chinakohl, Broccoli, Zucchini oder Tofu.

Jackfruit-Curry

Von Zentraljava · Mild Gulai nangka

Zutaten für 4 Portionen:
500 g Rindfleisch aus der Lende
5 Schalotten · 2 Knoblauchzehen
1 Stück frischer Ingwer (4 cm)
4 Kemirinüsse
1 TL Sambal ulek (S. 42)
½ TL Kurkuma (Gelbwurzpulver)
1 TL gemahlener Koriander · Salz
1 Dose Jackfruit (540 g, 324 g Abtropfgewicht) oder Bambussprossen
3 Zweige frisches Koriandergrün
2–3 EL Kokosöl
400 ml Kokosmilch, ungesüßt
3 Daun-salam-Blätter

Zubereitungszeit: 30 Min.
(+ 1 Std. Schmoren)

Pro Portion: 2900 kJ/690 kcal

1 Das Rindfleisch kalt abspülen, mit Küchenpapier abtrocknen und quer zur Faser fein schnetzeln.

2 Inzwischen Schalotten und Knoblauch schälen und kleinhacken. Ingwer schälen und fein raspeln. Kemirinüsse fein reiben. Die vorbereiteten Zutaten mit Sambal ulek und den Gewürzen zu einer Paste verarbeiten. Jackfruit oder Bambussprossen in ein Sieb geben, kalt abbrausen, abtropfen lassen und in 2 cm große Stücke schneiden. Frisches Koriandergrün waschen, trockentupfen und fein hacken.

3 Öl im Wok oder in einer Kasserolle erhitzen. Die Gewürzpaste etwa 3 Min. darin glasig dünsten, dann das Fleisch portionsweise bei starker Hitze rundherum etwa 10 Min. anbraten. Mit Kokosmilch ablöschen. Daun-salam-Blätter dazugeben. Kurz aufkochen und zugedeckt etwa 1 Std. bei schwacher Hitze schmoren. Etwa 10 Min. vor Ende der Garzeit das Gemüse hinzufügen. Mit Salz abschmecken. Daun-salam-Blätter herausnehmen und gehacktes Koriandergrün über das Jackfruit-Curry streuen. Reis und Gurkenscheiben dazu servieren.

Rindfleisch-Curry

Von Westsumatra · Scharf Rendang

Zutaten für 4 Portionen:
1 EL Tamarindenmark
1 kg Rindfleisch von der Schulter
5 Schalotten · 5 Knoblauchzehen
1 Stück frischer Ingwer (4 cm)
4–5 EL Kokosöl
1–2 TL Sambal ulek (S. 42)
$\frac{1}{2}$ TL Kurkuma (Gelbwurzpulver)
2 TL gemahlener Koriander
1 TL gemahlener Kreuzkümmel
$\frac{1}{2}$ TL schwarzer Pfeffer, frisch gemahlen
2 TL Palmzucker
400 ml Kokosmilch, ungesüßt · Salz
1 Frühlingszwiebel und Koriandergrün
Röstzwiebeln (S. 28)

Zubereitungszeit: 30 Min.
(+ 1–1$\frac{1}{2}$ Std. Schmoren)

Pro Portion: 1800 kJ/430 kcal

1 Tamarindenmark in einer Schüssel mit 200 ml heißem Wasser einweichen.

2 Inzwischen das Rindfleisch kalt abspülen, mit Küchenpapier abtrocknen und in 2 cm große Würfel schneiden. Schalotten und Knoblauch schälen und kleinhacken. Ingwer schälen und fein raspeln.

3 Tamarindenmark im Einweichwasser verrühren, bis dieses dick und braun wird, und durch ein Sieb streichen. Den Saft auffangen.

4 Öl im Wok oder in einer Kasserolle erhitzen. Schalotten, Knoblauch und Ingwer anbräunen. Das Fleisch darin portionsweise bei starker Hitze anbraten, alle restlichen Würzzutaten und Palmzucker untermengen und unter ständigem Rühren etwa 3 Min. mitbraten. Mit Tamarindensaft ablöschen, Kokosmilch angießen. Die Sauce zum Kochen bringen, dann unter ständigem Rühren 7–8 Min. köcheln, bis sich das Öl an der Oberfläche absetzt. Mit Salz abschmecken. Das Rindfleisch-Curry bei schwacher Hitze zugedeckt 1–1$\frac{1}{2}$ Std. schmoren. Mit Frühlingszwiebelringen und Koriandergrün garnieren. Warm oder kalt zu Reis servieren. Dazu Krabbenbrot (Krupuk), Gurken, Röstzwiebeln und Sambal ulek reichen.

Variante: Lamm-Curry
(Gulai kambing)
Nehmen Sie anstelle von Rindfleisch mageres Lammfleisch und fügen Sie 1–2 zerriebene Muskatblüten hinzu. Statt Ingwer frischen Galgant verwenden. Je nach Größe der Fleischstückchen vermindert sich die Schmorzeit evtl. um $\frac{1}{2}$ Std.

Kalbsleber-Curry
Gulai hati

Von Westsumatra · Geht schnell

Zutaten für 4 Portionen:
750 g Kalbsleber
6 Schalotten
3 Knoblauchzehen
1 Stück frischer Ingwer (4 cm)
1 Stengel frisches Zitronengras
10 Kemirinüsse
1–2 TL Sambal ulek (S. 42)
1/2 TL Kurkuma (Gelbwurzpulver)
1 TL gemahlener Koriander
3–4 EL Kokosöl
400 ml Kokosmilch, ungesüßt · Salz
rote Chilistreifen zum Garnieren
Chili-Soja-Sauce (S. 42)

Zubereitungszeit: 30 Min.

Pro Portion: 1500 kJ/360 kcal

1 Kalbsleber sorgfältig enthäuten, kurz abspülen, trockentupfen und in mundgerechte Stücke schneiden. Schalotten und Knoblauch schälen und klein würfeln. Ingwer schälen und fein raspeln. Vom Zitronengras den dicken, unteren Teil des Stengels kleinhacken. Kemirinüsse fein reiben. Alle Würzzutaten zu einer dicken Paste verrühren.

2 Öl im Wok erhitzen. Leberstücke bei starker Hitze darin portionsweise 2–3 Min. rundherum anbräunen. Wieder herausnehmen. Gewürzpaste 3–5 Min. rührend braten. Mit Kokosmilch ablöschen, dann die Sauce unter ständigem Rühren weitere 5 Min. eindicken lassen. Die Leber hineingeben und bei schwacher Hitze 2–3 Min. zugedeckt ziehen lassen. Salzen. Dazu Reis, mit roten Chilistreifen garniert, Krabbenbrot (Krupuk) und Chili-Soja-Sauce reichen.

Variante: Lammleber-Curry
(Hati goreng Bali)
Bereiten Sie eine Gewürzpaste zu aus 3 gehackten Knoblauchzehen, 3 geschnittenen Schalotten, 1 TL Kurkuma, 1/2 TL Sambal ulek (S. 42) und 1 TL Erdnußöl. Nehmen Sie 500 g Lammleber. Leberstücke in der Gewürzpaste wenden. 2 EL Kokosöl im Wok erhitzen, Leberstücke wie im Rezept beschrieben anbräunen und mit 1/4 l ungesüßter Kokosmilch ablöschen. Sauce eindicken lassen, mit dem Saft von 1/2 Zitrone abschmecken, salzen und pfeffern.

Hähnchen-Curry
Kari ayam

Von Westsumatra · Mild

Zutaten für 4 Portionen:
1 küchenfertiges Brathähnchen
6 Schalotten · 3 Knoblauchzehen
1 Stück frischer Ingwer (4 cm)
1 Stengel frisches Zitronengras
1/4 TL Terasi (Garnelenpaste)
5 Kemirinüsse · 1 TL Sambal ulek (S. 42)
1/2 TL Kurkuma (Gelbwurzpulver)
1 TL gemahlener Koriander
1/2 TL schwarzer Pfeffer, frisch gemahlen · Salz · 4–5 EL Kokosöl
400 ml Kokosmilch · 2 Daun-salam-Blätter · grüne Chilischote zum Garnieren

Zubereitungszeit: 1 Std.
Pro Portion: 4500 kJ/1100 kcal

1 Hähnchen ausnehmen, in 8 Teile zerlegen und gründlich waschen, dabei alle Knochensplitter entfernen. Abtrocknen. Den größten Teil der Haut abziehen.

2 Schalotten und Knoblauch schälen und klein würfeln. Ingwer schälen und fein raspeln. Vom Zitronengras den dicken, unteren Teil des Stengels kleinhacken. Terasi mit dem Löffelrücken zerdrücken. Kemirinüsse fein reiben. Alle Würzzutaten außer den Daun-salam-Blättern zu einer dicken Paste verrühren.

3 Öl im Wok oder in einer Kasserolle erhitzen. Die Gewürzpaste bei mittlerer Hitze unter ständigem Rühren etwa 3 Min. darin dünsten. Nach und nach die Hähnchenteile von allen Seiten kräftig anbraten. Mit Kokosmilch ablöschen. Daun-salam-Blätter hinzufügen und bei schwacher Hitze zugedeckt 20–30 Min. schmoren. Dabei die Teile ab und zu wenden. Daun-salam-Blätter entfernen. Dazu Reis, Gurkenscheiben, Krabbenbrot (Krupuk) und Sambal ulek reichen. Mit eingeschnittener grüner Chilischote garnieren.

Tip! Die abgeschnittenen Reste vom Zitronengras mit schwarzem Tee aufbrühen.

Curry-Nudeln

Von Sumatra · Scharf Mie kuah

Zutaten für 4 Portionen:
1 Bund Frühlingszwiebeln
3 Knoblauchzehen
1 Stück frischer Ingwer (4 cm)
2 Stengel frisches Zitronengras
1 TL Sambal ulek (S. 42)
½ TL Kurkuma (Gelbwurzpulver)
2 TL gemahlener Koriander
Salz
250 g Hühnerbrustfilet
2–3 EL Kokosöl
400 ml Kokosmilch, ungesüßt
250 g Sojabohnenkeimlinge
250 g Eiernudeln (Mie)
2–3 EL Kecap manis (süße Sojasauce)

Zubereitungszeit: 45 Min.

Pro Portion: 1600 kJ/380 kcal

1 Frühlingszwiebeln putzen, waschen und in dünne Ringe schneiden. Knoblauch schälen und zerdrücken.

2 Ingwer schälen und zuerst in feine Scheiben, diese dann in winzigkleine Würfel schneiden. Vom Zitronengras die dicken, unteren Teile der Stengel kleinhacken. Alle vorbereiteten Zutaten mit Sambal ulek, Kurkuma, Koriander und Salz zu einer dicken Paste verrühren. Das Hühnerbrustfilet kalt abspülen, trockentupfen und in 1,5 cm große Würfel schneiden.

3 Öl im Wok oder in einer Kasserolle erhitzen. Gewürzpaste 2–3 Min. rührend braten. Nach und nach das Fleisch unter Rühren bei starker Hitze 5–10 Min. anbraten. Mit Kokosmilch ablöschen, dann die Sauce etwas eindicken lassen. Das Gericht bei schwacher Hitze weitere 3–5 Min. zugedeckt ziehen lassen.

4 Inzwischen die Sojabohnenkeimlinge mit kochendem Wasser überbrühen.

5 Einen Topf mit Salzwasser aufsetzen. Nudeln in das kochende Wasser geben, Nester auseinanderziehen und nach Kochanweisung auf der Packung garen. Abgießen, mit kaltem Wasser abschrecken.

6 Sojabohnenkeimlinge in den Wok bzw. die Kasserolle einrühren und etwa 2 Min. köcheln lassen. Zum Schluß die fertigen Nudeln und Kecap manis untermischen. Warm oder kalt servieren.

Variante: Curry-Nudeln mit Tofu
(Mie tahu)

Bereiten Sie die Curry-Nudeln wie angegeben zu, geben aber zusätzlich 250 g in etwa 1 cm dicke Scheiben geschnittenen Tofu zusammen mit den Sojabohnenkeimlingen in die Sauce. Vorsichtig umrühren, damit der Tofu nicht zerfällt.

Tip! Um die Gewürzpaste herzustellen, können Sie Arbeit und Zeit sparen, wenn Sie sämtliche Zutaten im Mixer, evtl. unter Zugabe von etwas Öl, pürieren.

Fisch-Curry
Gulai ikan

Von Sumatra · Geht schnell

Zutaten für 4 Portionen:
1 EL Tamarindenmark
800 g festfleischige Fischfilets,
z.B. Kabeljau, Rotbarsch, Seelachs
Salz · Saft von 1/2 Zitrone
4 Schalotten · 2 Knoblauchzehen
1 Stück frischer Ingwer (4 cm)
1 Stengel frisches Zitronengras
1/4 TL Terasi (Garnelenpaste)
1/2–1 TL Sambal ulek (S. 42)
1/2 TL Kurkuma (Gelbwurzpulver)
2 TL gemahlener Koriander
3–4 EL Kokosöl
400 ml Kokosmilch, ungesüßt
1 Zweig frisches Koriandergrün

Zubereitungszeit: 30 Min.

Pro Portion: 2800 kJ/670 kcal

1 Tamarindenmark in einer Schüssel mit 150 ml heißem Wasser einweichen.

2 Inzwischen Fischfilets kalt abspülen, trockentupfen, evtl. die Haut entfernen, dann in etwa 2 cm große Würfel schneiden. Mit Salz bestreuen und den Zitronensaft darüber träufeln. Schalotten und Knoblauch schälen und fein hacken. Ingwer schälen und fein raspeln. Vom Zitronengras den dicken, unteren Teil des Stengels kleinschneiden. Terasi mit dem Löffelrücken zerdrücken. Alle Würzzutaten und das vorbereitete Gemüse zu einer dicken Paste verarbeiten.

3 Tamarindenmark im Einweichwasser verrühren, bis dieses dick und braun wird, und durch ein Sieb streichen. Den Saft auffangen.

4 Öl im Wok oder in einer Pfanne erhitzen. Die Fischstücke bei starker Hitze portionsweise rundherum 2–4 Min. anbraten. Wieder herausnehmen. Die Gewürzpaste hineingeben und bei mittlerer Hitze unter ständigem Rühren 3–5 Min. dünsten. Mit Tamarindensaft ablöschen. Hitze reduzieren. Kokosmilch angießen und die Sauce 2–3 Min. bei schwacher Hitze offen köcheln. Am Schluß den Fisch untermischen und etwa 3 Min. ziehen lassen. Mit Salz abschmecken und mit Koriandergrün und nach Belieben roten Chiliringen bestreuen. Dazu Reis servieren.

Tintenfisch-Curry
Gulai cumi cumi

Von Sumatra · Mild

Zutaten für 4 Portionen:
1 EL Tamarindenmark
600 g küchenfertig vorbereitete
Tintenfische (frisch oder tiefgekühlt)
3 Schalotten · 2 Knoblauchzehen
1 Stück frischer Ingwer (4 cm)
1 Stengel frisches Zitronengras
1/4 TL Terasi (Garnelenpaste)
4 Kemirinüsse
1 TL Sambal ulek (S. 42)
1/2 TL Kurkuma (Gelbwurzpulver)
2 TL gemahlener Koriander
2 TL Palmzucker · 3–4 EL Kokosöl
1/4 l Kokosmilch, ungesüßt · Salz

Zubereitungszeit: 40 Min.

Pro Portion: 2000 kJ/480 kcal

1 Tamarindenmark in einer Schüssel mit 100 ml heißem Wasser einweichen.

2 Inzwischen die Tintenfische gründlich abspülen und trockentupfen. Tintenfischmantel der Länge nach halbieren und in schmale mundgerechte Streifen schneiden.

3 Schalotten und Knoblauch schälen und klein würfeln. Ingwer schälen und fein raspeln. Vom Zitronengras den dicken, unteren Teil des Stengels kleinhacken. Terasi mit dem Löffelrücken zerdrücken. Kemirinüsse fein reiben. Diese Zutaten mit allen Gewürzen und Palmzucker zu einer dicken Paste verarbeiten.

4 Tamarindenmark im Einweichwasser verrühren, bis dieses dick und braun wird, und durch ein Sieb streichen. Den Saft auffangen.

5 Öl im Wok oder in einer Kasserolle stark erhitzen. Tintenfischstreifen portionsweise rundherum etwa 5 Min. darin anbraten. Gewürzpaste untermengen und unter ständigem Rühren etwa 3 Min. mitbraten. Das Curry mit Tamarindensaft ablöschen, dann Kokosmilch angießen. Die Hitze reduzieren und das Gericht zugedeckt bei schwacher Hitze 15–20 Min. schmoren, bis das Fleisch zart ist. Mit Salz abschmecken. Dazu Reis und Sambal ulek servieren.

Gemüse-Curry

Von Sumatra · Deftig Kari sayur

Zutaten für 4 Portionen:
5 Schalotten
3 Knoblauchzehen
1 Stück frischer Ingwer (4 cm)
2 Stengel frisches Zitronengras
½ TL Terasi (Garnelenpaste)
1 TL Sambal ulek (S. 42)
½ TL Kurkuma (Gelbwurzpulver)
2 TL gemahlener Koriander
2 TL gemahlener Kreuzkümmel
1 TL schwarzer Pfeffer, frisch gemahlen
Salz · 2 TL Palmzucker
300 g grüne Bohnen
300 g Kartoffeln, mehligkochend
300 g Weißkohl
2–3 EL Kokosöl
600 ml Kokosmilch, ungesüßt
2 Daun-salam-Blätter

Zubereitungszeit: 1¼ Std.

Pro Portion: 3500 kJ/830 kcal

1 Schalotten und Knoblauch schälen und klein würfeln. Ingwer schälen und fein reiben. Vom Zitronengras die dicken, unteren Teile der beiden Stengel kleinhacken. Terasi mit dem Löffelrücken zerdrücken. Diese Zutaten mit allen Gewürzen, Salz und Palmzucker zu einer dicken Paste verrühren.

2 Bohnen waschen, putzen und schräg in etwa 4 cm lange Stücke schneiden. Kartoffeln schälen, waschen und klein würfeln. Weißkohl putzen und waschen. Den Strunk und harte Rippen entfernen. Die Blätter in etwa 1 cm breite Streifen schneiden.

3 Öl im Wok oder in einer Kasserolle erhitzen. Die Gewürzpaste bei mittlerer Hitze unter ständigem Rühren darin 3–5 Min. dünsten. Die vorbereiteten Bohnen dazugeben und weitere 5 Min. mitbraten. Dann die Kartoffelwürfel und die Weißkohlstreifen untermischen. Mit Kokosmilch ablöschen, die Daun-salam-Blätter hinzufügen und das Gericht bei schwacher Hitze zugedeckt etwa 30–35 Min. schmoren. Dabei das Gemüse-Curry ab und zu umrühren. Daun-salam-Blätter entfernen. Gemüse-Curry mit Salz abschmecken. Dazu Reis und Sambal ulek, selbstgemacht oder aus dem Glas, servieren.

Auberginen-Curry

Von Sumatra · Gelingt leicht **Terong masak santen**

Zutaten für 4 Portionen:
1 EL Tamarindenmark
1 Bund Frühlingszwiebeln
5 Knoblauchzehen
1 Stück frischer Ingwer (4 cm)
1 Stengel frisches Zitronengras
1/4 TL Terasi (Garnelenpaste)
1 TL Sambal ulek (S. 42)
1/2 TL Kurkuma (Gelbwurzpulver)
2 TL gemahlener Koriander
2 TL gemahlener Kreuzkümmel
Salz · 2 TL Palmzucker
2 große Auberginen
5–6 EL Kokosöl
1/2 l Kokosmilch, ungesüßt
4 Zweige frisches Koriandergrün

Zubereitungszeit: 1 Std.

Pro Portion: 3000 kJ/710 kcal

1 Tamarindenmark in einer Schüssel mit 150 ml heißem Wasser einweichen.

2 Inzwischen die Frühlingszwiebeln putzen, waschen und in dünne Ringe schneiden. Knoblauch schälen und zerdrücken. Ingwer schälen und fein raspeln. Vom Zitronengras den dicken, unteren Teil des Stengels fein hacken. Terasi mit dem Löffelrücken zerdrücken. Alle vorbereiteten Zutaten und Gewürze mit Salz und Palmzucker zu einer dicken Paste verrühren.

3 Von den Auberginen die Stiele entfernen. Die ungeschälten Früchte waschen und der Länge nach in etwa 1 cm dicke Scheiben, dann in Würfel schneiden.

4 Tamarindenmark im Einweichwasser verrühren, bis dieses dick und braun wird, und durch ein Sieb streichen. Den Saft auffangen.

5 Öl im Wok oder in einer Kasserolle erhitzen. Auberginenwürfel portionsweise darin unter ständigem Rühren etwa 3 Min. anbraten. Die Gewürzpaste hinzufügen und kurz mitdünsten. Das Gemüse mit Tamarindensaft ablöschen, Kokosmilch angießen und das Gericht bei schwacher Hitze zugedeckt 20–25 Min. schmoren. Salzen und mit frischem Koriandergrün bestreuen. Warm oder kalt zu Reis und Sambal ulek servieren.

FLEISCH, GEFLÜGEL UND FISCH

Das indonesische Nationalgericht ist Sate, kleine pikante Spießchen mit Rind-, Lamm- oder Hühnerfleisch, die erst in Sojasauce mariniert, dann über Holzkohle gegrillt und zum Schluß in eine würzig-süße Erdnußsauce getunkt werden. Man ißt sie mit Reis und erhält sie sowohl in den besten Restaurants als auch an einfachen Essensständen am Straßenrand.

Circa 90% der Indonesier essen als Moslems kein Schweinefleisch. Das meist von Wasserbüffeln stammende Rindfleisch ist teuer und deshalb eher Bestandteil eines Festessens als Alltagskost. Dafür erfreut sich Hühnerfleisch großer Beliebtheit. Hühner sind anspruchslos zu halten und relativ preiswert.

In einem Inselstaat wie Indonesien hat die Nahrung aus dem Meer natürlich eine besondere Bedeutung. Unmengen an Fisch, Schal- und Krustentieren gelangen frisch oder – wegen der leichten Verderblichkeit – getrocknet auf die Märkte. Auf den Tisch kommen sie entweder ganz in ein Bananenblatt gehüllt, wie z.B. Seebarsch, oder kleingeschnitten in würzigen Saucen. Mit der Zucht von Fischen in überfluteten Reisfeldern erweitern viele Bauern ihre Nahrungsmittelpalette.

Spießchen mit Erdnußsauce

Von Zentraljava · Nationalgericht

Sate

Zutaten für 4 Portionen:
750 g Rinderfilet oder Hühnerfleisch
40 etwa 20 cm lange Holzspießchen

Für die Marinade:
3 EL Sojasauce
3 EL Kecap manis (süße Sojasauce)
1 TL Sambal ulek (S. 42)

Für die Erdnußsauce:
2 Schalotten · 3 Knoblauchzehen
200 g geröstete Erdnußkerne
4 EL Kecap manis (süße Sojasauce)
1 TL Sambul ulek (S. 42)
Saft von ½ Zitrone
3 TL Palmzucker · 3 EL Erdnußöl
+ evtl. 3 EL zum Braten
200 ml Kokosmilch, ungesüßt

Zubereitungszeit: 45 Min.
(+ 1 Std. Marinieren)

Pro Portion: 3400 kJ/810 kcal

1 Rinderfilet oder Hühnerfleisch kurz abbrausen, trockentupfen und in etwa 1 cm große Würfel schneiden. Jeweils 4 Stücke in nicht zu engen Abständen auf ein Spießchen stecken. Am stumpfen Ende der Spießchen soll genug Platz zum Anfassen bleiben. Die Spießchen eng nebeneinander auf einem Teller kreisförmig anordnen. Die Zutaten für die Marinade miteinander verrühren, dann über das Fleisch verteilen. Anschließend die Spießchen etwa 1 Std. marinieren, dabei gelegentlich wenden.

2 Schalotten und Knoblauch schälen und fein hacken. Erdnußkerne im Mixer pürieren oder im Mörser zerstoßen. Die vorbereiteten Zutaten mit Kecap manis, Sambal ulek, dem Zitronensaft und mit Palmzucker zu einer Paste verarbeiten. Öl in einem Pfännchen erhitzen. Erdnußpaste bei mittlerer Hitze darin 2–3 Min. anbraten. Mit Kokosmilch oder Wasser ablöschen. Die Hitze reduzieren und unter ständigem Rühren 2–3 Min. köcheln lassen. Wenn die Sauce zu fest wird, etwas Wasser dazugeben.

3 Spießchen am besten über Holzkohlenglut auf einer Seite 2–3 Min. oder auf einem vorgeheizten Grill auf jeder Seite 5–6 Min. grillen. Dabei zwischendurch mit der restlichen Marinade bestreichen. Sie können die Spießchen auch mit 3 EL Öl in einer Pfanne bei mittlerer Hitze je Seite etwa 5 Min. braten. Erdnußsauce auf vier Teller verteilen, jeweils 10 fertige Spießchen darin wenden und sofort servieren. Indonesier essen dazu gerne Reis in Bananenblättern.

Frisch aus der Schale gelöste Erdnußkerne bereichern viele Saucen.

Erdnüsse

Die Früchte der Erdnußpflanze sind keine Nüsse, sondern sie gehören zur großen Familie der Hülsenfrüchte. Nach der Befruchtung der Blüten erfolgt die Fruchtbildung größtenteils im Erdboden. Bei der Ente werden die krautigen Pflanzen gerodet und mit den anhängenden Erdnüssen getrocknet. Die frisch aus der rauhen Schale gelösten Kerne werden geröstet, gesalzen oder zu Erdnußöl verarbeitet. Ursprünglich in Brasilien beheimatet, wurde die Erdnuß schon kurz nach der Entdeckung Amerikas in Westafrika und Asien eingeführt. Ein wichtiges Anbaugebiet in Indonesien ist die Insel Java, wo Erdnüsse als Grundzutat für Saucen unverzichtbar sind. In den kleinen Kernen stecken hochwertige Pflanzenfette und Eiweiße. Erdnüsse liefern Balaststoffe, die Vitamine A, E und Mineralstoffe wie Kalzium, Magnesium, Eisen und Kalium.

Rindfleisch balinesische Art

Daging bumbu Bali

Sehr würzig · Geht schnell

Zutaten für 4 Portionen:
1 EL Tamarindenmark
750 g Rinderfilet oder Roastbeef
¼ Bund Frühlingszwiebeln
2–3 Knoblauchzehen
1 Stück frischer Ingwer (4 cm)
2 Stengel frisches Zitronengras
½ TL Terasi (Garnelenpaste)
2–3 EL Kokosöl
2 EL Kecap manis (süße Sojasauce)
1 TL Sambal ulek (S. 42)
Salz

Zubereitungszeit: 30 Min.

Pro Portion: 1200 kJ/290 kcal

1 Tamarindenmark in einer Schüssel mit 150 ml heißem Wasser einweichen.

2 Inzwischen das Fleisch kurz abbrausen, trockentupfen und quer zur Faser fein schnetzeln. Frühlingszwiebeln putzen, waschen und schräg in dünne Ringe schneiden. Einige grüne Zwiebelringe zum Garnieren beiseite legen. Knoblauch schälen und durch die Presse drücken. Ingwer schälen und fein raspeln. Vom Zitronengras die dicken, unteren Teile der beiden Stengel kleinhacken. Terasi mit dem Löffelrücken zerdrücken.

3 Tamarindenmark im Einweichwasser verrühren, bis dieses dick und braun wird, und durch ein Sieb streichen. Den Saft auffangen.

4 Öl im Wok oder in einer Kasserolle erhitzen. Die übrigen Zwiebelringe, Zitronengras und Ingwer unter Rühren etwa 3 Min. darin glasig dünsten, dann an den Rand schieben. Das Rindfleisch portionsweise bei starker Hitze etwa 10 Min. rundherum anbraten. Mit Tamarindensaft und süßer Sojasauce ablöschen. Alle übrigen Zutaten untermischen und das Gericht zugedeckt bei schwacher Hitze weitere 10 Min. schmoren. Mit Salz würzen und mit den grünen Zwiebelringen bestreuen. Als Beilage Reis und Krabbenbrot (Krupuk) servieren.

Fleischbällchen mit Kokos

Daging rempah

Gut vorzubereiten · Gelingt leicht

Zutaten für 4 Portionen:
500 g Rinderhackfleisch
½ TL Terasi (Garnelenpaste)
2 TL Palmzucker
1 Stück frischer Ingwer (4 cm)
200 g getrocknete Kokosraspel
½ TL Sambal ulek (S. 42)
2 TL gemahlener Koriander
1 TL schwarzer Pfeffer, frisch gemahlen
Salz · ½ l Öl zum Ausbacken
rote Chiliblume (S. 112) zum Garnieren

Zubereitungszeit: 30 Min.

Pro Portion: 2100 kJ/500 kcal

1 Rinderhackfleisch in eine Schüssel geben. Terasi und Palmzucker mit etwa 50 ml kochendem Wasser verrühren. Ingwer schälen und dazu reiben. Kokosraspel, Gewürze und Salz hinzufügen und mit dem Hackfleisch zu einem Teig verkneten. Er sollte so fest sein, daß er nicht an den Fingern klebt.

2 Aus dem Teig etwa 30 walnußgroße Bällchen formen.

3 Inzwischen Öl in einer Kasserolle oder Friteuse erhitzen. Die Fleischbällchen portionsweise im Öl schwimmend in etwa 5 Min. knusprig ausbacken.

4 Die fertigen Bällchen herausnehmen und zum Aufsaugen von überschüssigem Fett auf Küchenpapier legen. Heiß oder kalt garniert mit roter Chiliblume als Beilage zur Reistafel servieren. Sambal ulek dazu reichen.

Variante: Fleischbällchen in Kokosmilch

(Rempah masak santen)
Statt die Fleischbällchen auszubacken, legen Sie sie nebeneinander in einen großen flachen Topf, bedecken sie mit ungesüßter Kokosmilch (800 ml) und garen sie bei schwacher Hitze zugedeckt, bis sie an die Oberfläche kommen. Die fertigen Fleischbällchen herausheben und abtropfen lassen.

Fleisch, Geflügel und Fisch

Javanische Fleischbällchen

Deftig · Gelingt leicht

Perkedel goreng Jawa

Zutaten für 4 Portionen:
500 g Süßkartoffeln (Bataten) oder Kartoffeln, mehligkochend
Salz
4 Schalotten · 3 Knoblauchzehen
1 Stück frischer Ingwer (4 cm)
¼ TL Terasi (Garnelenpaste)
500 g Rinderhackfleisch
1 Ei · 2 TL Palmzucker
1 EL Kecap manis (süße Sojasauce)
1 TL Sambal ulek (S. 42)
3 TL gemahlener Koriander
1 TL Muskatnuß, frisch gerieben
½ TL gemahlener Zimt
½ l Öl zum Ausbacken
scharfe Tomatensauce (S. 44)

Zubereitungszeit: 1 Std.

Pro Portion: 1700 kJ/400 kcal

1 Kartoffeln schälen, waschen, in kleine Würfel schneiden und mit ¼ l Wasser und 1 Prise Salz in einen Topf geben. Wasser zum Kochen bringen und die Kartoffeln bei schwacher Hitze zugedeckt in 15–20 Min. weich kochen.

2 Inzwischen Schalotten und Knoblauch schälen und fein hacken. Ingwer schälen und fein raspeln. Terasi mit dem Löffelrücken zerdrücken.

3 Wenn die Kartoffeln weich sind, Kochwasser abgießen. Abgetropfte Kartoffeln mit dem Kartoffelstampfer fein zerdrücken. Etwas abkühlen lassen. Dann mit allen Zutaten, Gewürzen und Salz zu einem Teig verkneten, der so fest sein soll, daß er nicht an den Fingern klebt.

4 Aus dem Teig etwa 30 pflaumengroße Bällchen formen. Inzwischen Öl in einer Friteuse erhitzen. Fleischbällchen portionsweise im Öl in etwa 5 Min. knusprig ausbacken. Die fertigen Bällchen herausnehmen und auf Küchenpapier legen. Heiß oder kalt als Beilage zur Reistafel servieren. Dazu scharfe Tomatensauce und Krabbenbrot (Krupuk) reichen.

Beilagentip: Kokosraspel mit Erdnüssen (Serundeng kacang) 50 g Kokosraspel mit 50 g Erdnußkernen in einer trockenen Pfanne bei schwacher Hitze etwa 10 Min. rührend goldbraun rösten. Mit Palmzucker vermengen und abkühlen lassen. Nach Belieben Serundeng über die Fleischbällchen streuen.

Rindfleisch in Sojasauce

Sehr würzig · Braucht etwas Zeit

Semur daging

Zutaten für 4 Portionen:
2 EL Tamarindenmark
750 g Rindfleisch von der Lende
3 Knoblauchzehen
1 Stück frischer Ingwer (4 cm)
3–4 EL Kokosöl · Salz
½ TL schwarzer Pfeffer
1 TL gemahlener Kardamom
1 TL gemahlener Zimt
1 TL Muskatnuß, frisch gemahlen
4 TL Palmzucker · 5 EL Sojasauce
Chiliblume (S. 112) zum Garnieren

Zubereitungszeit: 30 Min.
(+ 1 Std. Schmoren)

Pro Portion: 1300 kJ/310 kcal

1 Tamarindenmark in einer Schüssel mit ¼ l heißem Wasser einweichen.

2 Inzwischen das Fleisch kurz abbrausen, trockentupfen und in 2 cm große Würfel schneiden, dabei Fett und Sehnen entfernen. Knoblauch schälen und zerdrücken. Ingwer schälen und fein raspeln.

3 Tamarindenmark im Einweichwasser verrühren, bis dieses dick und braun wird, und durch ein Sieb streichen. Den Saft auffangen.

4 Öl im Wok oder in einer Kasserolle erhitzen. Knoblauch und Ingwer darin glasig dünsten. Fleischwürfel bei starker Hitze portionsweise etwa 10 Min. rundherum anbraten. Mit Salz und Pfeffer würzen. Mit Tamarindensaft und 125 ml Wasser ablöschen, alle restlichen Zutaten hinzufügen und das Gericht zugedeckt bei schwacher Hitze etwa 1 Std. schmoren. Die Sauce sollte zum Schluß fast vollständig eingekocht sein. Mit roter Chiliblume garnieren. Dazu Reis servieren.

Fleisch, Geflügel und Fisch

Rindfleischsuppe

Scharf · Gut vorzubereiten **Sop daging**

Zutaten für 4 Portionen:
500 g Rindfleisch von der Brust
1¼ l Gemüsebrühe
1 Bund Frühlingszwiebeln
3 Knoblauchzehen
1 Stück frischer Ingwer (4 cm)
1–2 EL Kokosöl
100 g gegarte, geschälte Garnelen
½ TL Sambal ulek (S. 42)
½ TL Kurkuma (Gelbwurzpulver)
Saft von 1 Zitrone
Salz

Zubereitungszeit: 1½ Std.

Pro Portion: 1000 kJ/240 kcal

1 Rindfleisch kalt abbrausen, trockentupfen und in mundgerechte Würfel schneiden. 1 l Gemüsebrühe in einem Topf zum Kochen bringen. Sobald die Brühe sprudelnd kocht, die Fleischwürfel hineingeben. Erneut aufkochen lassen, danach die Hitze stark reduzieren. Während der ersten 30 Min. Kochzeit mehrmals den entstehenden Schaum abschöpfen. Fleischwürfel in weiteren 30-Min. weich kochen. Wenn das Rindfleisch gar ist, läßt es sich mit einer Gabel leicht einstechen.

2 Inzwischen die Frühlingszwiebeln putzen, waschen und in ½ cm breite Ringe schneiden. Knoblauch schälen und zerdrücken. Ingwer schälen und fein raspeln.

3 Das Öl in einem anderen Topf erhitzen. Frühlingszwiebeln, Knoblauch, Ingwer und Garnelen etwa 2 Min. darin anbraten, mit ¼ l Gemüsebrühe ablöschen und Sambal ulek, Gelbwurzpulver und Zitronensaft dazugeben. Weitere 3 Min. bei mittlerer Hitze köcheln lassen, dann zum Fleisch in der restlichen Brühe geben. Mit Salz abschmecken. In Indonesien werden Suppen als Beilagen zu Reis gegessen.

Variante: Hammelfleischsuppe
(Sop kambing)
Ersetzen Sie das Rindfleisch einfach durch Hammel- oder Lammfleisch und probieren Sie statt Ingwer frischen Galgant.

Nudelsuppe mit Einlage

Von Bali · Gelingt leicht Mie bakso

Zutaten für 6 Portionen:
4 Schalotten · 2 Knoblauchzehen
1 Stück frischer Ingwer (4 cm)
2 Möhren
100 g Weißkohlblätter
1 rote Chilischote zum Garnieren
2 EL Sojaöl · 1½ l Hühnerbrühe
225 g Rinderhackfleisch
1 Eiweiß · 1 EL Maismehl
1 TL gemahlener Koriander
weißer Pfeffer, frisch gemahlen
Salz
100 g dünne Eiernudeln (Mie)
1 EL Kecap manis (süße Sojasauce)
6 EL Röstzwiebeln (S. 28)

Zubereitungszeit: 40 Min.

Pro Portion: 1700 kJ/400 kcal

1 Schalotten und Knoblauch schälen und kleinhacken. Ingwer schälen und fein raspeln. Möhren putzen, schaben und sehr fein stifteln. Kohlblätter waschen, trockenschütteln und in 1 cm breite Streifen schneiden. Chilischote waschen, der Länge nach halbieren, Stiele und Kerne herauslösen. Die Hälften schräg in feine Streifen schneiden. Vorsicht, sind sehr scharf, nicht in die Nähe der Augen bringen. Streifen in Eiswasser legen und beiseite stellen.

2 Öl in einem großen Topf erhitzen. Schalotten, Knoblauch und Ingwer 2–3 Min. bei mittlerer Hitze darin dünsten. 1 EL der Mischung abnehmen und beiseite stellen. Die Möhrenstifte dazugeben und etwa 5 Min. mitbraten, dann die Kohlstreifen untermischen und nach weiteren 3 Min. mit 1½ l Hühnerbrühe ablöschen. Alles gut verrühren und erneut zum Kochen bringen.

3 Inzwischen Rinderhackfleisch in eine Schüssel geben. 1 EL der abgekühlten Mischung, Eiweiß und Maismehl hinzufügen. Mit Koriander, Pfeffer und Salz würzen und zu einem Teig verkneten. Etwa 20 walnußgroße Bällchen formen.

4 Wenn die Suppe kocht, die Fleischbällchen einlegen, dabei die Hitze stark verringern. Fleischbällchen 4–5 Min. ziehen lassen. Am Schluß die Nudeln hineingeben und bißfest garen. Den Topf vom Herd nehmen und die Suppe mit Kecap manis und Salz abschmecken. Chilistreifen abtropfen lassen. Suppe mit Chilistreifen und Röstzwiebeln bestreuen.

Spanferkelrücken

Von Bali · Braucht etwas Zeit

Babi guling

Zutaten für 8–10 Portionen:
6 Schalotten
5 Knoblauchzehen
1 Stück frischer Ingwer (6 cm)
2 Stengel frisches Zitronengras
5 Nelken
½ TL Terasi (Garnelenpaste)
1 TL Sambal ulek (S. 42)
1 TL Kurkuma (Gelbwurzpulver)
3 TL gemahlener Koriander
½ TL Muskatnuß, frisch gerieben
2 TL schwarzer Pfeffer, frisch gemahlen
4 TL Palmzucker
1 Spanferkelrücken (1,5–2 kg)
Salz
Holzspießchen
evtl. Küchengarn
4 EL Kokosöl

Zubereitungszeit: 30 Min.
(+ 30–55 Min. Garen,
+ 30 Min. Abkühlen)

Bei 10 Portionen
pro Portion: 1700 kJ/400 kcal

1 Schalotten und Knoblauch schälen und fein hacken. Ingwer schälen und fein raspeln. Vom Zitronengras die dicken, unteren Teile der Stengel kleinhacken. Nelken im Mörser zerstoßen. Terasi mit dem Löffelrücken zerdrücken. Alle Gewürze und den Palmzucker miteinander zu einer dicken Paste verrühren.

2 Backofen auf 225° (Gas Stufe 4) und Grill vorheizen. Spanferkelrücken waschen, trockentupfen und mit einem scharfen Messer eine Tasche hineinschneiden. Der Braten darf dabei jedoch nicht in zwei Hälften auseinanderklappen. Innen und außen mit Salz einreiben. Tasche mit der Gewürzpaste füllen.

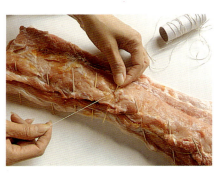

3 Die Öffnung mit Holzspießchen verschließen und Küchengarn kreuzförmig um die Spießchen wickeln.

4 Öl im Bräter erhitzen. Spanferkelrücken mit den Spießchen nach oben hineinlegen und auf einer Seite bei starker Hitze 10–20 Min. anbraten, dann im Backofen (Mitte) mit der Schwarte nach oben weitere 10–20 Min. garen, dabei das Fleisch öfter mit dem entstehenden Bratensaft begießen. Um zu prüfen, ob der Braten gar ist, sticht man mit einer Gabel oder Messerspitze in die dickste Stelle des Fleisches. Tritt klarer Saft aus, ist das Fleisch gar.

5 Den fertigen Spanferkelrücken aus dem Bräter nehmen und weitere 10–15 Min. unter dem heißen Grill fertigbraten, damit eine krosse Kruste entsteht. Holzspießchen und Küchengarn entfernen, den Braten in Scheiben schneiden und auf einem Bananenblatt anrichten.

Beilagentip: Geröstete Bananen
Ganze Bananen halbieren und die Hälften etwa 5 Min. auf den heißen Grill legen und mitrösten. Als Beilage zum Spanferkelrücken reichen.

Info: Zu bedeutenden Familienfeiern oder großen Tempelfesten werden auf Bali kleine gefüllte Spanferkel zubereitet, die mit Blumen und Früchten kunstvoll dekoriert den Göttern geopfert werden. Da es bei uns nicht unbedingt üblich ist, zu Hause selbst Spanferkel zuzubereiten, wurde bei diesem Rezept ersatzweise Spanferkelrücken gewählt.

Schweinefilet in Sojasauce

Von Bali · Gelingt leicht **Babi kecap**

Zutaten für 4 Portionen:
750 g Schweinefilet
4 Schalotten
3–4 Knoblauchzehen
1 Stück frischer Ingwer oder Galgant (4 cm)
3 EL Sojasauce
1/2 TL Sambal ulek (S. 42) · Salz
weißer Pfeffer, frisch gemahlen
3–4 EL Kokosöl
5 EL Kecap manis (süße Sojasauce)

Zubereitungszeit: 45 Min.
(+ 1 Std. Marinieren)

Pro Portion: 1700 kJ/400 kcal

1 Schweinefilet kalt abspülen, trockentupfen und quer zur Faser in 1 cm breite Scheiben schneiden. Schalotten schälen, halbieren und in dünne Scheiben schneiden. Knoblauch schälen und zerdrücken. Ingwer oder Galgant schälen und fein raspeln. Die vorbereiteten Zutaten in eine Schüssel geben, mit Sojasauce, Sambal ulek, Salz und Pfeffer vermengen und das Ganze zugedeckt mindestens 1 Std. marinieren, bis das Fleisch von der Marinade vollständig durchdrungen ist.

2 Öl im Wok oder in einer Kasserolle erhitzen. Das eingelegte Fleisch bei starker Hitze portionsweise 5–10 Min. rundherum anbraten. Die Hitze reduzieren, Kecap manis und 100 ml Wasser dazugeben und das Gericht unter gelegentlichem Rühren zugedeckt etwa 20 Min. köcheln lassen, bis die Sauce etwas eingedickt ist. Dazu Reis und Gurkensalat (S. 115) servieren.

Variante: Lammfleisch in Sojasauce
(Kambing kecap)
Sie können anstelle von Schweinefilet auch mageres Lammfleisch verwenden. Statt Wasser gießen Sie die gleiche Menge Kokosmilch an.

Schweinefleisch süß-sauer

Von Bali · Gelingt leicht **Babi asam manis**

Zutaten für 4 Portionen:
1 EL Tamarindenmark
2 große Fleischtomaten
750 g mageres Schweinefleisch
2 Schalotten
2–3 Knoblauchzehen
1 Stück frischer Ingwer (4 cm)
3–4 EL Kokosöl
1/2–1 TL Sambal ulek (S. 42)
2 EL Sojasauce · 5 TL Palmzucker

Zubereitungszeit: 45 Min.

Pro Portion: 1900 kJ/450 kcal

1 Tamarindenmark in einer Schüssel mit 150 ml heißem Wasser einweichen.

2 Inzwischen Tomaten überbrühen, enthäuten, Stielansätze und Kerne entfernen. Fruchtfleisch kleinhacken. Das Schweinefleisch kalt abspülen, trockentupfen und quer zur Faser schnetzeln. Schalotten schälen, halbieren und in dünne Scheiben schneiden. Knoblauch schälen und zerdrücken. Ingwer schälen und fein raspeln.

3 Tamarindenmark im Einweichwasser verrühren, bis dieses dick und braun wird, und durch ein Sieb streichen. Den Saft auffangen.

4 Öl im Wok oder in einer Kasserolle erhitzen. Schalotten, Knoblauch, Ingwer und Sambal ulek unter ständigem Rühren darin etwa 3 Min. dünsten. Dann das Fleisch portionsweise bei starker Hitze 5–10 Min. rundherum anbraten. Gehackte Tomaten untermischen. Mit Tamarindensaft ablöschen. Die Hitze reduzieren, Sojasauce und Palmzucker hinzufügen und das Gericht bei schwacher Hitze zugedeckt weitere 30–45 Min. köcheln lassen. Mit Reis servieren.

Schweinerippchen
Iga babi bakar

Von Kalimantan · Gelingt leicht

Zutaten für 4 Portionen:
1 kg fleischige Schweinerippchen (möglichst vom Händler in Portionsteile hacken lassen)
Salz
2 TL schwarzer Pfeffer, frisch gemahlen
3 Knoblauchzehen · 6 EL Kokosöl
5 EL Sojasauce · 3 TL Palmzucker

Zubereitungszeit: 45 Min.

Pro Portion: 3400 kJ/810 kcal

1 Schweinerippchen kalt abbrausen und trockentupfen. Mit Salz und Pfeffer bestreuen.

2 Knoblauchzehen schälen und sehr fein hacken.

3 Öl in einer großen Pfanne erhitzen. Knoblauch in etwa 1 Min. glasig dünsten. Schweinerippchen dazugeben und bei starker Hitze rundherum knusprig braun braten. Mit 200 ml Wasser ablöschen. Sojasauce und Palmzucker einrühren und die Sauce etwas eindicken lassen. Die Rippchen bei mittlerer Hitze weitere 25–35 Min. garen, bis das Fleisch sehr weich ist. Evtl. etwas Wasser nachgießen. Die Sauce soll fast vollständig eingekocht sein und das Fleisch mit einer glänzenden Schicht überziehen.

4 Fertige Schweinerippchen auf ein Bananenblatt legen und Reis dazu reichen.

Knuspriges Hähnchen
Ayam panggang

Sehr würzig · Braucht etwas Zeit

Zutaten für 4 Portionen:
1 küchenfertiges Brathähnchen (etwa 1,5 kg)
1 Bund Frühlingszwiebeln
4 Knoblauchzehen
2 Stengel frisches Zitronengras
5 Kemirinüsse
1/2 TL Terasi (Garnelenpaste)
1/2 TL Sambal ulek (S. 42)
1/2 TL Kurkuma (Gelbwurzpulver)
2 TL gemahlener Koriander
Salz
3–4 EL Kokosöl
400 ml Kokosmilch, ungesüßt

Zubereitungszeit: 40 Min.
(+ 30 Min. Backen)

Pro Portion: 4500 kJ/1100 kcal

1 Das Hähnchen entlang des Brustbeins und auf der Rückenseite halbieren, gründlich waschen und abtrocknen. Frühlingszwiebeln putzen, waschen und in dünne Ringe schneiden. Knoblauch schälen und zerdrücken. Vom Zitronengras die dicken, unteren Teile der beiden Stengel kleinhacken. Die Kemirinüsse fein reiben. Terasi mit dem Löffelrücken zerdrücken.

2 Sämtliche Würzzutaten mit dem vorbereiteten Gemüse zu einer dicken Paste verrühren. Backofen auf 200° (Gas Stufe 3) vorheizen.

3 2 EL Öl in einem sehr großen, flachen Topf erhitzen. Die Gewürzpaste darin bei mittlerer Hitze unter ständigem Rühren etwa 1 Min. anbraten. Die Hähnchenhälften dazugeben, mit der Kokosmilch übergießen und zugedeckt etwa 20 Min. köcheln lassen.

4 Nach der Garzeit die Hähnchenteile aus der Sauce nehmen. Etwas Öl in einen Bräter geben, mit dem übrigen die beiden Hähnchenteile einreiben und mit der Haut nach oben im vorgeheizten Backofen (oben) 30–40 Min. backen, bis die Haut knusprig und braun geworden ist.

5 Inzwischen die Sauce bei mittlerer Hitze offen etwas eindicken lassen. Die knusprigen Hähnchenhälften aus dem Bräter heben, in portionsgerechte Stücke teilen und in einer mit einem Bananenblatt ausgelegten Schüssel mit Krabbenbrot (Krupuk) anrichten. Reis getrennt dazu reichen.

Fleisch, Geflügel und Fisch

Hühnersuppe

Von Madura · Braucht etwas Zeit
Soto ayam

Zutaten für 4 Portionen:
1 Suppenhuhn (etwa 1 kg)
2 Stangen Bleichsellerie
Salz
2 mittelgroße Kartoffeln, mehligkochend
75 g Glasnudeln
5 Schalotten
4 Knoblauchzehen
1 Stück frischer Ingwer (4 cm)
2 Stengel frisches Zitronengras
½ TL Terasi (Garnelenpaste)
5 Kemirinüsse
Saft von 1 Zitrone
½ TL Sambal ulek (S. 42)
½ TL Kurkuma (Gelbwurzpulver)
2 TL gemahlener Koriander
4 hartgekochte Eier
200 g frische Sojabohnenkeimlinge
2 EL Kokosöl
Kecap manis (süße Sojasauce) zum Abschmecken
4 EL Röstzwiebeln (S. 28) und 4 rote Chilistreifen zum Garnieren

Zubereitungszeit: 2¼ Std.

Pro Portion: 2700 kJ/640 kcal

1 Das Huhn in 8 Teile zerlegen und gründlich waschen. Sellerie putzen, waschen und in etwa 1 cm große Stücke schneiden. Hühnerteile und Selleriestücke mit Salz in den Topf geben und mit Wasser bedecken. Zum Kochen bringen, einmal aufkochen lassen, dann das Fleisch bei schwacher Hitze zugedeckt 1–1¼ Std. garen.

2 Inzwischen die Kartoffeln schälen, waschen und in Scheiben schneiden. Mit Wasser und Salz in einen anderen Topf geben. Das Wasser zum Kochen bringen und die Kartoffeln bei schwacher Hitze zugedeckt in 15–20 Min. weich kochen, Wasser abgießen. Kartoffeln beiseite stellen.

3 Glasnudeln in einer Schüssel mit kochendem Wasser überbrühen, etwa 10 Min. einweichen, dann in ein Sieb abgießen und in kurze Stücke schneiden.

4 Schalotten und Knoblauch schälen und kleinhacken. Ingwer schälen und fein raspeln. Vom Zitronengras die dicken, unteren Teile der beiden Stengel kleinhacken. Terasi mit dem Löffelrücken zerdrücken. Kemirinüsse fein reiben. Diese Zutaten mit dem Zitronensaft und den Gewürzen zu einer dicken Paste verrühren.

5 Die Hühnerteile aus der Brühe heben. Die Brühe durch ein Sieb in eine Schüssel gießen und zur späteren Weiterverarbeitung beiseite stellen. Eier pellen und in Scheiben schneiden. Von den Hühnerteilen die Haut abziehen, das Fleisch von den Knochen lösen und in Streifen schneiden. Sojabohnenkeimlinge abspülen und in einem Sieb abtropfen lassen.

6 Öl in einem großen Topf erhitzen. Gewürzpaste etwa 3 Min. bei mittlerer Hitze darin dünsten, dann mit 1¼ l Brühe ablöschen. Wenn die Suppe erneut kocht, Hühnerfleisch, Glasnudeln und Sojabohnenkeimlinge hineingeben. Den Topf vom Herd nehmen und die Suppe mit Kecap manis und Salz abschmecken.

7 Kartoffel- und Eierscheiben auf vier große Suppentassen verteilen, die Hühnersuppe darüber geben, mit jeweils 1 EL Röstzwiebeln und 1 Chilistreifen bestreuen und servieren.

Info: Auf indonesischen Speisekarten können Sie vier Arten von Suppen finden: Sayur, Soto, Sop und Bakso. Wenn Sie eine Sayur bestellen, erhalten Sie eine Suppe, deren unnachahmliches Aroma daher rührt, daß die verschiedenen Zutaten nicht in Wasser, sondern in Kokosmilch gekocht wurden. Als Soto kommt eine dicke, unserem Eintopf ähnliche Suppe auf den Tisch, die mit Gemüse, Fleisch und Reis angereichert und oft mit Kokosfleisch eingedickt wird. Sop bezeichnet eine einfache, mit Wasser gekochte Suppe, Bakso eine heiße, scharfe Brühe, in der Reisnudeln, Gemüse und Fleischbällchen schwimmen.

Brathähnchen

Ganz Indonesien · Sehr würzig

Ayam goreng

Zutaten für 4 Portionen:
1 küchenfertiges Brathähnchen (etwa 1,5 kg)

Für die Marinade:
1 EL Tamarindenmark
3 Schalotten
4 Knoblauchzehen
1 Stück frischer Ingwer (4 cm)
1 TL Sambal ulek (S. 42)
2 TL gemahlener Koriander · Salz
rote Chiliblume (S. 112) zum Garnieren

Zum Braten:
3 EL Kokosöl

Zubereitungszeit: 45 Min.
(+ 2 Std. Marinieren)

Pro Portion: 2400 kJ/570 kcal

1 Hähnchen in 8 Teile zerlegen, gründlich waschen und abtrocknen.

2 Tamarindenmark in einer Schüssel mit 150 ml heißem Wasser einweichen. Schalotten und Knoblauch schälen und fein hacken. Ingwer schälen und fein raspeln.

3 Tamarindenmark in dem Einweichwasser verrühren, bis dieses dick und braun wird, und durch ein Sieb streichen. Den Saft auffangen.

4 Alle Würzzutaten für die Marinade miteinander verrühren, die Hähnchenteile damit bestreichen und mindestens 2 Std. zugedeckt marinieren. Das Hähnchenfleisch aus der Marinade heben, dabei gut abtropfen lassen.

5 Öl in einer großen Pfanne erhitzen. Hähnchenstücke bei mittlerer Hitze darin auf jeder Seite etwa 10 Min. knusprig braun braten oder etwa 15 Min. auf jeder Seite über Holzkohle grillen (damit die Hähnchenstücke gut durchgebraten sind, ehe die Haut zu stark bräunt, sollten sie nicht zu dicht über der Holzkohle liegen). Eine Garprobe machen Sie, indem Sie mit einem spitzen Messer eine Keule am Gelenk anstechen. Der austretende Saft darf nicht mehr rötlich, sondern muß klar sein.

Info: Gebratenes oder gegrilltes Hähnchen ist überall in Indonesien sehr beliebt. Die Marinade, der es seinen exotischen Beigeschmack verdankt, ist von Region zu Region unterschiedlich.

Tip! Ein Hähnchen zerlegen Sie wie folgt fachgerecht: die Keulen mit einer Geflügelschere direkt am Körper abschneiden. Die Brust am Brustbein entlang halbieren. Das Hähnchen herumdrehen und den Rücken mit einem Küchenbeil in zwei Teile hacken. Die Flügel am oberen Gelenk abtrennen. Die Hähnchenteile von Knochensplittern befreien.

Varianten:
Brathähnchen javanische Art
(Ayam goreng kuning)
Bei der Zubereitung der Marinade ersetzen Sie den Tamarindensaft durch 150 ml ungesüßte Kokosmilch, den Ingwer durch Galgant und fügen zusätzlich ½ TL Kurkuma (Gelbwurzpulver), 4 zerriebene Kemirinüsse und 2 EL frische oder getrocknete Kokosraspel hinzu. Nach dem Braten der Hähnchenstücke die Marinade in die Pfanne geben und bei mittlerer Hitze offen eindicken lassen. Sauce über das angerichtete Hähnchen löffeln.

Brathähnchen balinesische Art
(Ayam goreng Bali)
Bei der Zubereitung der Marinade ersetzen Sie den Tamarindensaft durch 100 ml ungesüßte Kokosmilch und 3 EL Kecap manis und fügen zusätzlich 3 TL Palmzucker hinzu.

Sumatra-Brathähnchen
(Ayam bakar)
Bei der Zubereitung der Marinade ersetzen Sie den Tamarindensaft durch 3 EL Sojasauce und 3 EL Kecap manis und fügen zusätzlich 3 TL frisch gemahlenen Pfeffer und 1–2 TL Sambal ulek hinzu.

Info: Die knusprigen Hähnchenstücke ißt man aus der Hand. Dazu passen gelber Reis und Gurkenscheiben. Mit roter Chiliblume dekorativ anrichten.

Bali-Ente

Festgericht · Braucht etwas Zeit

Bebek betutu

Zutaten für 4–6 Portionen:
1 Bananenblatt (tiefgekühlt) oder Alufolie
3 EL Kokosöl
+ etwas Pflanzenöl zum Einpinseln
5 Schalotten
5 Knoblauchzehen
1 Stück frischer Ingwer oder Galgant (4 cm)
12 Kemirinüsse
1/2 TL Terasi (Garnelenpaste)
2 Muskatblüten
1–2 TL Sambal ulek (S. 42)
1/2 TL Kurkuma (Gelbwurzpulver)
1/2 TL gemahlener Kardamom
2 TL schwarzer Pfeffer, frisch gemahlen
Salz
1 küchenfertige Ente (1,5–2 kg)
Holzspießchen oder Küchengarn
rote Chilistreifen und Zwiebelgrün zum Garnieren

Zubereitungszeit: 1 Std.
(+ 1 1/2 Std. Backen)

Pro Portion: 3700 kJ/880 kcal

1 Tiefgekühltes Bananenblatt auftauen lassen, dann kurz in kochendes Wasser tauchen und trockentupfen. Mit etwas Pflanzenöl auf der glatten Seite einpinseln.

2 Schalotten und Knoblauch schälen und kleinhacken. Ingwer oder Galgant schälen und fein raspeln. Kemirinüsse fein reiben. Terasi und Muskatblüten mit dem Löffelrücken zerdrücken. Diese Zutaten mit den restlichen Gewürzen zu einer dicken Paste verrühren.

3 Öl in einer Pfanne erhitzen und die Gewürzpaste bei mittlerer Hitze etwa 2 Min. unter ständigem Rühren dünsten. Dann vom Herd nehmen und abkühlen lassen. Backofen auf 200° (Gas Stufe 3) vorheizen.

4 Die Ente unter fließendem Wasser abspülen und trockentupfen, dann außen und innen mit der Gewürzpaste einreiben. Die Ente in das Bananenblatt oder in Alufolie wickeln und mit Holzspießchen bzw. Küchengarn fest verschließen. Auf dem Rost über einer Fettpfanne im Backofen (Mitte) 1 1/2 Std. backen. Soll die Haut sehr knusprig sein, das Bananenblatt oder die Alufolie die letzten 10 Min. der Bratzeit entfernen und die Hitze auf 250° (Gas Stufe 5) erhöhen. Überschüssiges Fett abschöpfen. Die fertige Ente in Portionsstücke geteilt im geöffneten Bananenblatt auf einer Platte zu gelbem Reis servieren. Mit Chilistreifen und Zwiebelgrün garnieren.

Info: Auf Bali werden viele Enten gezüchtet, vor allem wegen ihrer Eier. Zu festlichen Anlässen – davon gibt es auf der Götterinsel viele – werden junge Enten geschlachtet, dick mit aromatischer Gewürzpaste bestrichen, in Bananenblätter gewickelt und in einer mit glühender Holzkohle gefüllten Grube oder über einem mit Kokosnußschalen geschürten Feuer gegrillt.

Tip! Heben Sie das aromatische überschüssige Fett zum Braten für Fleisch- und Gemüsegerichte auf.

Fleisch, Geflügel und Fisch

Ausgebackene Fischstücke

Von den Molukken · Geht schnell **Ikan goreng**

Zutaten für 4 Portionen:
750 g festfleischige Fischfilets,
z.B. Kabeljau, Rotbarsch, Seelachs,
Seeteufel
Salz
Saft von 1 Zitrone
1 EL Sojaöl
+ 1/2 l Kokosöl zum Ausbacken
5 EL Weizenmehl
2 EL Speisestärke
1 TL Backpulver
nach Belieben 1 Schälchen
Chilisauce

Zubereitungszeit: 30 Min.
(+ 15 Min. Marinieren)

Pro Portion: 910 kJ/220 kcal

1 Fischfilets kalt abbrausen, abtrocknen, dann in etwa 5 cm große Stücke schneiden. Fischstücke leicht salzen, mit dem Saft von 1/2 Zitrone beträufeln und etwa 15 Min. marinieren.

2 Inzwischen 1 EL Öl, Mehl, Speisestärke, Backpulver, Salz und 10 EL heißes Wasser miteinander verrühren.

3 Öl in einer Kasserolle oder Friteuse stark erhitzen. Den Fisch trockentupfen und in der Mehlpanade wälzen. Fischstücke portionsweise rundherum goldgelb ausbacken, dabei nie zu viele auf einmal fritieren, damit sie nicht aneinanderkleben. Auf Küchenpapier abtropfen lassen. Mit dem restlichen Zitronensaft beträufeln und zu einem Schälchen Chilisauce, natürlich mit Reis, servieren.

Varianten:
Ausgebackene Garnelen
(Udang goreng)
Die Fischfilets durch 500 g gegarte, geschälte Garnelen ersetzen. Dazu Garnelen kalt abbrausen und trockentupfen.

Ausgebackene Tintenfische
(Cumi cumi goreng)
Statt der Fischfilets küchenfertig vorbereitete Tintenfische nehmen, die Sie gründlich waschen und abtrocknen. Jeden Tintenfisch der Länge nach halbieren und in mundgerechte Stücke schneiden.

Rotbarben in Kokossauce

Von Sulawesi · Gelingt leicht **Ikan bumbu santen**

Zutaten für 4 Portionen:
4 küchenfertig vorbereitete
Rotbarben (je etwa 250 g)
Salz · 4 Schalotten
3 Knoblauchzehen
1 Stück frischer Ingwer (4 cm)
2 Stengel Zitronengras
6 EL Kokosöl
+ 2 EL für die Sauce
1/2 TL Sambal ulek (S. 42)
1/4 l Kokosmilch, ungesüßt
2 TL Palmzucker

Zubereitungszeit: 35 Min.

Pro Portion: 2700 kJ/640 kcal

1 Fische unter fließendem Wasser gründlich abspülen und trockentupfen. Köpfe und Flossen abschneiden. Mit Salz bestreuen.

2 Schalotten und Knoblauch schälen und sehr fein hacken. Ingwer schälen und fein raspeln. Vom Zitronengras die dicken, unteren Teile der beiden Stengel kleinhacken.

3 In einer Pfanne 6 EL Öl erhitzen. Rotbarben portionsweise von beiden Seiten etwa 5 Min. anbraten. Auf einer vorgewärmten Platte anrichten und warm stellen.

4 Mit dem restlichen Öl in derselben Pfanne Schalotten, Knoblauch, Ingwer, Zitronengras und Sambal ulek etwa 2 Min. anbraten, dann Kokosmilch und Palmzucker dazugeben und kurz aufkochen lassen. Sauce über die angerichteten Rotbarben gießen. Dazu Reis servieren.

Fisch in Sojasauce

Von Sumatra · Geht schnell **Ikan kecap**

Zutaten für 4 Portionen:
1 EL Tamarindenmark
750 g festfleischige Fischfilets,
z.B. Kabeljau, Rotbarsch, Seelachs,
Seeteufel, Thunfisch
Salz · 1/2 Bund Frühlingszwiebeln
2 Knoblauchzehen
1 Stück frischer Ingwer (4 cm)
3–4 EL Kokosöl · 3 EL Sojasauce
3 EL Kecap manis (süße Sojasauce)
1/2 TL Sambal ulek (S. 42)
5 Zweige frisches Koriandergrün
schwarzer Pfeffer, frisch gemahlen

Zubereitungszeit: 30 Min.

Pro Portion: 910 kJ/220 kcal

1 Tamarindenmark in einer Schüssel mit 150 ml heißem Wasser einweichen.

2 Fischfilets kalt abbrausen, trockentupfen, dann in etwa 1,5 cm große Stücke schneiden. Fischstücke leicht salzen.

3 Frühlingszwiebeln putzen, waschen und in etwa 5 cm lange Stücke, diese dann in Streifen schneiden. Zwiebelgrün beiseite legen. Knoblauch schälen und zerdrücken. Ingwer schälen und fein raspeln.

4 Tamarindenmark im Einweichwasser verrühren, bis dieses dick und braun wird, und durch ein Sieb streichen. Den Saft auffangen.

5 Öl im Wok oder in einer Kasserolle erhitzen, Fischstücke bei starker Hitze portionsweise 3–5 Min. rundherum anbraten. Wieder herausnehmen. Zwiebelstreifen, Knoblauch und Ingwer etwa 1 Min. unter ständigem Rühren dünsten. Tamarindensaft angießen. Mit Sojasaucen und Sambal ulek würzen. Sauce etwas eindicken lassen. Die Hitze reduzieren und die Fischstücke vorsichtig in die Sauce legen. Zugedeckt bei schwacher Hitze weitere 2–3 Min. ziehen lassen. Die fertigen Fischstücke mit Zwiebel- und Koriandergrün bestreuen. Mit Pfeffer und Salz abschmecken. Dazu Reis servieren.

Gebackene Makrelen

Von Kalimantan · Gelingt leicht **Ikan pepes**

Zutaten für 4 Portionen:
1 großes Bananenblatt (tiefgekühlt)
4 portionsgroße, küchenfertig
vorbereitete Makrelen (je etwa
250–300 g)
2 frische rote Chilischoten
3 Knoblauchzehen
6 EL Kecap manis (süße Sojasauce)
Saft von 1/2 Zitrone · Salz
3 TL Palmzucker
etwas Pflanzenöl zum Einpinseln

Zubereitungszeit: 35 Min.
(+ 30 Min. Marinieren)

Pro Portion: 2000 kJ/480 kcal

1 Tiefgekühltes Bananenblatt auftauen lassen, dann kurz in kochendes Wasser tauchen und trockentupfen.

2 Makrelen unter fließendem Wasser gründlich abspülen, trockentupfen und auf beiden Seiten schräg einschneiden, damit das Aroma der Marinade besser eindringen kann. Chilischoten waschen, der Länge nach halbieren, Kerne und Stiele herauslösen. Die Hälften in feine Streifen schneiden. Vorsicht, sind sehr scharf, nicht in Nähe der Augen bringen. Knoblauch schälen und zerdrücken.

3 Sämtliche Würzzutaten zu einer Marinade verrühren, die Fische damit außen und innen bestreichen und etwa 30 Min. marinieren. Grill vorbereiten oder Backofen auf 175° (Gas Stufe 2) vorheizen.

4 Bananenblatt in vier große Rechtecke schneiden (etwa 20 x 15 cm) und auf der glatten Seite mit etwas Pflanzenöl einpinseln. In jedes Rechteck eine Makrele wickeln.

5 Entweder die Päckchen etwa 15 Min. von beiden Seiten über der Glut eines Holzkohlefeuers oder etwa 25 Min. unter dem vorgeheizten Grill bzw. im Backofen (Mitte) garen.

Fleisch, Geflügel und Fisch

Fisch süß-sauer

Von Java · Geht schnell

Ikan asam manis

Zutaten für 4 Portionen:
1 EL Tamarindenmark
750 g festfleischige Fischfilets,
z.B. Kabeljau, Rotbarsch, Seelachs,
Seeteufel, Thunfisch
Salz
½ Bund Frühlingszwiebeln
2 Knoblauchzehen
1 Stück frischer Ingwer (4 cm)
3–4 EL Kokosöl
½ – 1 TL Sambal ulek (S. 42)
4 EL Tomatenketchup
5 TL Palmzucker
scharfe Tomatensauce (S. 44)

Zubereitungszeit: 30 Min.

Pro Portion: 1000 kJ/240 kcal

1 Tamarindenmark in einer Schüssel mit 150 ml heißem Wasser einweichen.

2 Inzwischen Fischfilets kalt abbrausen, trockentupfen, dann in etwa 2 cm große Würfel schneiden. Mit Salz bestreuen. Frühlingszwiebeln putzen, waschen und schräg in dünne Ringe schneiden. Knoblauch schälen und zerdrücken. Ingwer schälen und fein raspeln.

3 Tamarindenmark im Einweichwasser verrühren, bis dieses dick und braun wird, und durch ein Sieb streichen. Den Saft auffangen.

4 Öl im Wok oder in einer Pfanne erhitzen. Fischwürfel bei starker Hitze portionsweise 2–3 Min. rundherum anbraten. Wieder herausnehmen. Zwiebeln, Knoblauch und Ingwer im restlichen Öl unter ständigem Rühren in 2–3 Min. glasig dünsten. Mit Tamarindensaft ablöschen. Sambal ulek, Ketchup und Palmzucker dazugeben. Die Sauce bei schwacher Hitze etwa 5 Min. köcheln. Die Fischstücke in die Sauce legen und noch weitere 2–3 Min. ziehen lassen. Dazu Reis und scharfe Tomatensauce servieren.

Variante: Garnelen süß-sauer
(Udang asam manis)
Anstelle von Fisch 500 g gegarte, geschälte Garnelen verwenden. Etwa 1 Min. vor Ende der Garzeit 100 g abgespülte Sojabohnenkeimlinge untermischen.

Gebackener Seebarsch

Von Sulawesi Ikan panggang

Zutaten für 4 Portionen:
1 großes Bananenblatt (tiefgekühlt) oder Alufolie
etwas Pflanzenöl zum Einpinseln + Öl für den Bräter
1 EL Tamarindenmark
1 kg küchenfertig vorbereiteter Seebarsch (ersatzweise Seehecht oder Dorsch)
2 Schalotten · 3 Knoblauchzehen
1 Stück frischer Ingwer (4 cm)
5 Zweige frisches Koriandergrün
1 EL Kecap manis (süße Sojasauce)
2 TL Sambal ulek (S. 42)
$1/2$ TL Kurkuma (Gelbwurzpulver)
2 TL gemahlener Koriander · Salz
Holzspießchen

Zubereitungszeit: 1 Std.

Pro Portion: 860 kJ/200 kcal

1 Tiefgekühltes Bananenblatt auftauen lassen, dann kurz in kochendes Wasser tauchen und trockentupfen. Mit etwas Pflanzenöl auf der glatten Seite einpinseln. Den Backofen auf 200° (Gas Stufe 3) vorheizen. Tamarindenmark in einer Schüssel mit 50 ml heißem Wasser einweichen.

2 Inzwischen den Fisch unter fließendem kaltem Wasser gründlich abspülen, trockentupfen und in Abständen von etwa 1 cm auf beiden Seiten schräg etwas einschneiden, damit das Aroma der Gewürze besser eindringen kann. Schalotten und Knoblauch schälen und klein würfeln. Ingwer schälen und fein raspeln. Koriandergrün waschen, trockenschütteln und fein hacken.

3 Tamarindenmark im Einweichwasser verrühren, bis dieses dick und braun wird, und durch ein Sieb streichen. Den Saft auffangen.

4 Sämtliche Würzzutaten und das vorbereitete Gemüse zu einer Paste verrühren und den Fisch damit von beiden Seiten bestreichen. Den Rest in die Bauchhöhle füllen. Seebarsch in das Bananenblatt oder in Alufolie wickeln. Mit Holzspießchen verschließen. Bräter mit Öl ausgießen. Den Fisch hineinlegen und im vorgeheizten Backofen (Mitte) 30–50 Min. backen. Den fertigen Seebarsch erst am Tisch aus dem Bananenblatt oder der Alufolie auspacken.

Tip! Mit einer Gabel können Sie prüfen, ob der Fisch gar ist. Dann löst sich das Fleisch leicht von den Gräten.

Fischpastete

Von Java — Otak otak

Zutaten für 4 Portionen:
1 großes Bananenblatt (tiefgekühlt)
oder Alufolie
500 g festfleischige Fischfilets,
z.B. Kabeljau, Rotbarsch, Seelachs,
Seeteufel, Thunfisch
250 g gegarte, geschälte Garnelen
Salz · 4 frische rote Chilischoten
½ Bund Frühlingszwiebeln
4 Knoblauchzehen
2 Stengel frisches Zitronengras
2 TL Koriander
100 ml Kokosmilch, ungesüßt
etwas Pflanzenöl zum Einpinseln
Holzspießchen · 1 Limone

Zubereitungszeit: 45 Min.

Pro Portion: 2000 kJ/480 kcal

1 Tiefgekühltes Bananenblatt auftauen lassen, dann kurz in kochendes Wasser tauchen und abtrocknen. Fischfilets und Garnelen kalt abbrausen und trockentupfen. Mit Salz bestreuen. Chilischoten waschen, der Länge nach halbieren, Kerne und Stiele herauslösen. Die Hälften in feine Streifen schneiden. Vorsicht, sind sehr scharf, nicht in Nähe der Augen bringen. Frühlingszwiebeln putzen, waschen und in dünne Ringe schneiden. Knoblauch schälen und zerdrücken. Vom Zitronengras die dicken, unteren Teile der beiden Stengel kleinhacken. Backofen auf 200° (Gas Stufe 3) vorheizen.

2 Fischfilets, Garnelen, vorbereitetes Gemüse, Gewürze und Kokosmilch im Mixer pürieren. Bananenblatt oder Alufolie in vier Rechtecke (etwa 30 x 20 cm) schneiden. Diese auf der glatten Seite mit etwas Pflanzenöl einpinseln. Die Fischmasse auf die Blattstücke verteilen. Zu viereckigen Päckchen falten und mit Holzspießchen zusammenstecken.

3 Entweder die Päckchen etwa 15 Min. im vorgeheizten Backofen (Mitte) von beiden Seiten garen bzw. 10 Min. über die Glut eines Holzkohlenfeuers legen oder etwa 15 Min. im Dampfkörbchen über kochendem Wasser dämpfen. Heiß oder kalt in den aufgeschnittenen Bananenblättern mit Limonenvierteln servieren.

Garnelenbällchen

Von Westjava · Gelingt leicht — Udang rempah

Zutaten für 4 Portionen:
1 kleine Stange Lauch
3 Knoblauchzehen
1 Stück frischer Ingwer (4 cm)
250 g gegarte, geschälte Garnelen
250 g frische Sojabohnenkeimlinge
1 Ei · 100 g Weizenmehl
1 TL Backpulver
½ TL Sambal ulek (S. 42)
Salz · ½ l Öl zum Ausbacken
rote Chiliblume (S. 112) und
Tomatenscheibe zum Garnieren

Zubereitungszeit: 40 Min.

Pro Portion: 730 kJ/170 kcal

1 Lauch putzen, längs aufschlitzen und waschen. Die Hälften erst in Längsstreifen, dann in feinste Würfel schneiden. Knoblauch schälen und zerdrücken. Ingwer schälen und fein raspeln. Garnelen kalt abbrausen und trockentupfen. Sojabohnenkeimlinge abspülen und in einem Sieb abtropfen lassen. Beides mit einem Wiegemesser fein hacken.

2 Ei in einer Schüssel leicht verquirlen. Mehl und Backpulver darüber sieben. Alle vorbereiteten Zutaten mit den Gewürzen zu einem Teig verkneten. Falls der Teig zu fest wird, löffelweise etwas Wasser dazugeben.

3 Öl in einer Kasserolle oder Friteuse stark erhitzen.

4 Aus dem Teig etwa 24 walnußgroße Bällchen formen. Portionsweise im Öl schwimmend in 3–5 Min. knusprig ausbacken. Die fertigen Bällchen zum Aufsaugen von überschüssigem Fett auf Küchenpapier abtropfen lassen. Heiß oder kalt mit roter Chiliblume und Tomatenscheibe garniert als Beilage zur Reistafel servieren.

Fleisch, Geflügel und Fisch

GEMÜSE UND TOFU

Neben einheimischen exotischen Gemüsesorten gedeihen auf den fruchtbaren vulkanischen Ascheböden der indonesischen Inseln auch zahlreiche Gemüsesorten europäischer Herkunft. Sie wurden während der bis ins 16. Jahrhundert zurückgehenden holländischen Kolonialzeit eingeführt. Viele dieser Sorten tragen noch heute ihre holländischen Namen, z.B. Kohl (Kol), Bohnen (Buncis), Möhren (Wortel) und Tomaten (Tomat). Andere Gemüsesorten entstammen dem starken chinesischen Einfluß in der Küche der Inseln. So werden neben den Reisfeldern häufig Spinat (Bayem), Auberginen (Terung) und Gurken (Ketimun) gezogen und aus Sojabohnen Tofu (Tahu) und – eine indonesische Erfindung – Tempeh, eine Art Sojabohnenbrot, hergestellt. Die indonesische Küche hat sich das vielfältige Gemüseangebot zunutze gemacht und jede Anregung von außen phantasievoll umgesetzt. Das Resultat ist oft ein wohlbekanntes Gemüse in einer exotischen köstlichen Zubereitungsart. Aus Gemüse zaubern die Indonesier kleine Leckereien, die überall auf Märkten und an Straßenständen angeboten werden. Sie sind ein schneller Snack für zwischendurch, eignen sich aber auch als Appetithäppchen und Beilagen, die bei keiner Reistafel fehlen dürfen.

Gewürzter Fruchtsalat

Von Sumatra · Scharf **Rujak**

Zutaten für 6 Portionen:
1 EL Tamarindenmark
¼ TL Terasi (Garnelenpaste)
3 Äpfel
1 Mango
1 Grapefruit oder Orange
½ frische Ananas
1 kleine Salatgurke
1 TL Sambal ulek (S. 42)
3 EL Kecap manis (süße Sojasauce)
100 g Palmzucker

Zubereitungszeit: 25 Min.

Pro Portion: 970 kJ/230 kcal

1 Tamarindenmark und Terasi in einer Schüssel mit 150 ml heißem Wasser einweichen.

2 Inzwischen Äpfel schälen, vom Kerngehäuse befreien und in Stücke schneiden. Mango schälen, den Kern herauslösen und das Fruchtfleisch in Würfel schneiden. Grapefruit oder Orange schälen und in Schnitze teilen und enthäuten. Die halbe Ananas schälen. Den harten Strunk entfernen. Fruchtfleisch würfeln. Gurke schälen, längs halbieren und entkernen. Die Gurkenhälften in dünne Scheiben und diese dann in Stifte schneiden. Alles in eine Schüssel geben.

3 Tamarindenmark und Terasi in dem Einweichwasser verrühren, bis dieses dick und braun wird, und durch ein Sieb streichen. Den Saft auffangen und mit Sambal ulek, Kecap manis und Palmzucker vermengen.

4 Die Sauce über den Fruchtsalat gießen und das Ganze gut durchmischen. Als Beilage zu scharfen Curries servieren.

Tip! Die andere Hälfte der Ananas bleibt mit der Schnittfläche auf einem Teller 2 bis 3 Tage schön gelb und frisch.

Terasi

In Indonesien ist Fisch als Eiweißlieferant von großer Bedeutung. Da er im tropischen Klima jedoch leicht verdirbt und schlecht zu transportieren ist, wird er für langes Aufbewahren durch Trocknen oder durch die Verarbeitung zu intensiv schmeckenden und riechenden, festen Pasten präpariert. Terasi ist sozusagen ein Abfallprodukt aus Fischresten und kleinen Krustentieren, die mit Salz fein zerstampft werden.
Es gibt in Indonesien zwei Sorten: rohes oder getrocknetes Terasi. Das rohe Terasi, eine dicke, mit Gewürzen aufbereitete, streng riechende Garnelenpaste, wird in Gläsern oder Dosen angeboten. Getrocknetes Terasi schmeckt weniger intensiv und ist in 25-g-Blöcken auch als Trassi preiswert im Asienladen erhältlich. Man verarbeitet es nur in kleinsten Mengen. Dabei hängt die Dosierung vom eigenen Geschmack ab. Unentbehrlich ist es bei der Zubereitung gebratener Gerichte in der javanischen Küche.

Terasi sollte man nur sehr sparsam verwenden.

Gemüse und Tofu

Gemüsesalat mit Erdnußsauce

Vegetarisch · Braucht etwas Zeit

Gado gado

Zutaten für 6 Portionen:
1 kleiner Blumenkohl
½ kleiner Weißkohl
2 große Kartoffeln, vorwiegend festkochend
300 g grüne Bohnen
Salz
200 g frische Sojabohnenkeimlinge
1 kleine Salatgurke
6 hartgekochte Eier

Für die Erdnußsauce:
2 Schalotten
3 Knoblauchzehen
200 g geröstete Erdnußkerne
4 EL Kecap manis (süße Sojasauce)
Saft von ½ Zitrone
1 TL Sambal ulek (S. 42)
3 TL Palmzucker
3 EL Erdnußöl
200 ml Kokosmilch, ungesüßt
(ersatzweise Gemüsebrühe)

Zubereitungszeit: 50 Min.

Pro Portion: 2400 kJ/570 kcal

1 Den Blumenkohl vom Strunkende befreien, waschen und in mundgerechte Röschen zerteilen. Den halben Weißkohl putzen, waschen und trockenschütteln. Halbieren, den Strunk und harte Rippen entfernen, die Blätter in etwa 1 cm breite Streifen schneiden. Kartoffeln schälen, waschen und in dünne Scheiben schneiden. Bohnen waschen, putzen und schräg in etwa 4 cm lange Stücke schneiden.

2 In zwei Töpfen reichlich Salzwasser zum Kochen bringen. Den Blumenkohl in einen Topf geben, aufkochen lassen und zugedeckt bei mittlerer Hitze in etwa 10 Min. bißfest garen.

3 Inzwischen die Kartoffelscheiben ins kochende Salzwasser in dem anderen Topf gleiten lassen und zugedeckt bei mittlerer etwa 10 Min. garen. Dann die vorbereiteten Bohnen hinzufügen und in weiteren 10 Min. bißfest garen.

4 Den Blumenkohl mit einem Schaumlöffel aus dem Wasser heben. Weißkohlstreifen 3–5 Min. im Blumenkohlwasser sprudelnd kochen und herausnehmen. Sojabohnenkeimlinge mit dem heißen Wasser übergießen und in einem Sieb abtropfen lassen.

5 Das restliche fertiggegarte Gemüse in ein großes Sieb abgießen, dabei evtl. etwas Gemüsebrühe für die Erdnußsauce auffangen.

6 Gurke schälen, halbieren, entkernen und in dünne Scheiben schneiden. Die hartgekochten Eier pellen und vierteln.

7 Für die Erdnußsauce Schalotten schälen und in grobe Stücke schneiden. Knoblauch schälen und mit den Schalotten und den restlichen Saucenzutaten außer dem Öl und der Kokosmilch im Mixer pürieren. Öl in einer Pfanne erhitzen und die Erdnußpaste bei mittlerer Hitze kurz anbraten. Dann die Hitze reduzieren, mit Kokosmilch oder ersatzweise Gemüsebrühe ablöschen und unter ständigem Rühren etwa 2 Min. köcheln. Wenn die Sauce zu fest wird, etwas Gemüsebrühe dazugeben.

8 Das abgetropfte Gemüse möglichst getrennt auf sechs Teller verteilen. Die halbierten Gurkenscheiben und die Eiviertel dekorativ anordnen. Den Salat mit der Erdnußsauce übergießen. Noch leicht warm ohne Beilage oder mit Reis servieren.

Variante: Gemüsesalat mit Erdnußsauce und Tofu oder Tempeh

(Gado gado dengan tahu atau tempe) Als weitere Zutat benötigen Sie ein Stück Tofu (250 g) oder ein Stück Tempeh (250 g) und ¼ l Kokosöl. Bereiten Sie den Tofu oder das Tempeh als erstes zu. Dazu das Öl in einer möglichst großen Pfanne erhitzen, den Tofu oder das Tempeh der Länge nach halbieren, in etwa 1 cm dicke Scheiben schneiden und portionsweise bei mittlerer Hitze etwa 5 Min. (Tofu) bzw. 2–3 Min. (Tempeh) von beiden Seiten knusprig braten. Fertiges Tofu bzw. Tempeh herausheben und auf Küchenpapier abtropfen lassen. Dann wie beschrieben das Gemüse und die Erdnußsauce zubereiten.

Info: Da für Gado gado das Gemüse nicht lange gekocht wird, ist es noch reich an Vitaminen. Mit gebratenem Tofu oder Tempeh angereichert, gewinnt das Gericht wegen des hohen Eiweißgehaltes der Sojabohne noch mehr an wertvollen Inhaltsstoffen.

Gemüsesalat mit Kokossauce

Von Java · Etwas schwieriger **Urap**

Zutaten für 6 Portionen:
1 EL Tamarindenmark
Salz
300 g grüne Bohnen
250 g frische Sojabohnenkeimlinge
1 kleiner Chinakohl (etwa 500 g)
1 kleine Salatgurke
1 Gemüsezwiebel
4 Tomaten
1 Dose junge Maiskölbchen (420 g, 210 g Abtropfgewicht)

Für die Kokossauce:
1 kleine frische Kokosnuß
2 Knoblauchzehen
1 Stück Ingwer (4 cm)
3 EL Kokosöl
½ TL Sambal ulek (S. 42)
2 TL Palmzucker

Zubereitungszeit: 1 Std.

Pro Portion: 1400 kJ/330 kcal

1 Tamarindenmark in einer Schüssel mit 150 ml heißem Wasser einweichen.

2 In einem Topf 1 l Salzwasser zum Kochen bringen. Bohnen waschen, putzen und schräg in etwa 4 cm lange Stücke schneiden. Bohnenstücke in das kochende Salzwasser geben und zugedeckt 5–7 Min. sprudelnd kochen. Mit einem Schaumlöffel aus dem Wasser nehmen und in einem Sieb abtropfen lassen. Bohnenwasser auffangen. Dann die Sojabohnenkeimlinge etwa 1 Min. in dem Bohnenwasser aufkochen und in ein Sieb abgießen.

3 Den Backofen auf 100° (Gas Stufe 1) vorheizen. Chinakohl putzen, waschen und gut trockenschleudern, in ½ cm breite Streifen schneiden. Gurke schälen, halbieren und in dünne Scheiben oder Würfel schneiden. Gemüsezwiebel schälen, halbieren und in feine Scheiben schneiden. Tomaten waschen, vom Stielansatz befreien und zerkleinern. Den Mais kurz abbrausen und in einem Sieb abtropfen lassen. Alle Salatzutaten in eine große Schüssel geben.

4 Mit einem kleinen Schraubenzieher die unter dem Bart sitzenden drei »Augen« der Kokosnuß aufstechen. Das Kokoswasser abfließen lassen. Die Kokosnuß auf ein Tuch legen. Mit einem Hammer oder der Rückseite eines Küchenbeils knapp über den »Augen« auf die Nußschale schlagen, dabei die Nuß langsam drehen, bis sie knackt. Dann die Nuß in mehrere Teile zerschlagen.

5 Kokosnußstücke in den vorgeheizten Backofen (Mitte) legen. Nach 15–20 Min. läßt sich das Kernfleisch mit der Messerspitze aus der Schale lösen. Mit einem Küchenmesser oder einem Kartoffelschäler die braune Haut vom Kernfleisch entfernen. Das Kernfleisch auf einer Küchenreibe raspeln.

6 Tamarindenmark im Einweichwasser verrühren, bis dieses dick und braun wird, und durch ein Sieb streichen. Den Saft auffangen. Knoblauch schälen und zerdrücken. Ingwer schälen und fein raspeln.

7 Öl in einer Pfanne erhitzen. Knoblauch und Ingwer bei mittlerer Hitze glasig dünsten. Dann die Kokosraspel dazugeben und etwa 3 Min. unter ständigem Rühren mitbraten. Tamarindensaft angießen, Sambal ulek und Palmzucker hinzufügen. Das Ganze kurz aufkochen lassen und mit Salz würzen. Die Kokossauce mit dem Gemüse in der Schüssel vermengen und auf einer mit einem Bananenblatt ausgelegten Servierplatte über dem Reis arrangieren.

Gemüse und Tofu

Gebratenes Gemüse

Ganz Indonesien · Gelingt leicht

Cap cay goreng

Zutaten für 4 Portionen:
1 Kalbs- oder Schweineschnitzel
2 EL gegarte, geschälte Garnelen
1 mittelgroße Zucchini
1 kleine Stange Lauch
300 g Weißkohlblätter
300 g grüne Bohnen (frisch oder tiefgekühlt)
3 Knoblauchzehen
1 Stück frischer Ingwer (4 cm)
4–5 EL Kokosöl
1 EL Speisestärke
3 EL Sojasauce · Salz
schwarzer Pfeffer, frisch gemahlen

Zubereitungszeit: 45 Min.

Pro Portion: 950 kJ/230 kcal

1 Das Schnitzel abwaschen, abtrocknen und mit einem sehr scharfen Messer quer zur Faser fein schnetzeln. Garnelen kalt abbrausen und trockentupfen.

2 Das Gemüse waschen. Zucchini vom Stielansatz befreien, halbieren und in dünne Scheiben schneiden. Den Lauch in schräge Ringe, Weißkohlblätter in Streifen schneiden. Bohnen putzen und in etwa 4 cm lange schräge Stücke schneiden. Knoblauch schälen und durch die Presse drücken. Ingwer schälen und fein raspeln.

3 Öl im Wok oder in einem großen Topf erhitzen. Nach und nach das Fleisch darin unter Rühren etwa 2 Min. rundherum anbraten. Garnelen dazugeben und 1 weitere Min. mitbraten. Wieder herausnehmen. Knoblauch und Ingwer glasig dünsten. Die Bohnen einrühren und 5–10 Min. vorgaren (ist bei tiefgekühlten nicht nötig). Das restliche Gemüse dazugeben und weitere 5 Min. rührend braten, dann mit 300 ml Wasser ablöschen. Alles vermengen und zugedeckt bei schwacher Hitze noch weitere 5 Min. garen.

4 Inzwischen die Speisestärke mit 3 EL Wasser verrühren und nach der Garzeit mit der Sojasauce unter das Gemüse mischen. Das Ganze unter ständigem Rühren kurz weiterköcheln, damit die Sauce gebunden wird. Salzen und pfeffern. Warm zu Reis servieren.

Info: Cap cay goreng ist die indonesische Variante des chinesischen Chop suey. Das Gemüsegericht wird in jedem Restaurant aufgetischt.

Gebratener Kohl mit Ei

Deftig · Geht schnell

Dadar telur

Zutaten für 4 Portionen:
1 Bund Frühlingszwiebeln
4 Knoblauchzehen
1 Stück frischer Ingwer (4 cm)
1 kleiner Chinakohl oder Weißkohl
4 Eier · Salz
2–3 EL Kokosöl
1 1/2 TL Sambal ulek (S. 42)
4 EL Kecap manis (süße Sojasauce)

Zubereitungszeit: 20 Min.

Pro Portion: 780 kJ/190 kcal

1 Frühlingszwiebeln putzen, waschen und schräg in dünne Ringe schneiden. Knoblauch schälen und zerdrücken. Ingwer schälen und fein raspeln. Weißkohl oder Chinakohl putzen, waschen und trockenschütteln. Vierteln, den Strunk und harte Rippen entfernen. Gemüse in etwa 1/2 cm breite Streifen schneiden.

2 Die Eier gut miteinander verquirlen und mit Salz würzen.

3 Öl im Wok oder in einem großen Topf erhitzen. Frühlingszwiebeln, Knoblauch und Ingwer darin etwa 1 Min. bei starker Hitze dünsten. Den Kohl dazugeben und unter ständigem Rühren etwa 3 Min. mitbraten. Mit 50 ml Wasser ablöschen. Die Hitze reduzieren und zugedeckt weitere 3 Min. garen. Sambal ulek und Kecap manis einrühren. Dann die verquirlten Eier über den Kohl gießen und so lange weiterbraten, bis die Eier zu stocken beginnen. Reis getrennt dazu reichen.

Gefüllte Pfannkuchen

Von Westsumatra · Würzig **Martabak**

Zutaten für 4 Portionen:
Für den Teig:
300 g Weizenmehl
1 Ei · ½ TL Salz
4 EL Pflanzenöl + etwas Öl zum Einreiben des Teigs

Für die Füllung:
½ Bund Frühlingszwiebeln
4 Schalotten
2 Knoblauchzehen
2 EL Pflanzenöl + ⅛ l Öl zum Ausbacken
200 g Rinderhackfleisch
½–1 TL Sambal ulek (S. 42)
Salz · 1 Ei
rote Chiliblume (S.112) zum Garnieren

Zubereitungszeit: 45 Min. (+ 2 Std. Ruhen)

Pro Portion: 2100 kJ/500 kcal

1 Mehl, Ei, Salz, 4 EL Öl sowie 150 ml lauwarmes Wasser in einer Rührschüssel zu einem weichen Teig verarbeiten. Anschließend den Teig noch einige Minuten auf einer Arbeitsfläche kräftig durchkneten, damit er geschmeidig wird. Sollte der Teig noch zu klebrig sein, die Hände und die Arbeitsfläche vor dem Weiterkneten mit etwas Pflanzenöl einfetten. Den Teig zu einer Kugel formen, mit etwas Öl bestreichen und mit einem Tuch abgedeckt mindestens 2 Std. ruhen lassen.

2 Inzwischen die Frühlingszwiebeln putzen, waschen und in feine Ringe schneiden. Schalotten und Knoblauch schälen und fein hacken.

3 2 EL Öl in einer Pfanne erhitzen, Zwiebeln und Knoblauch glasig dünsten. Hackfleisch hinzufügen und bei mittlerer Hitze etwa 5 Min. anbraten. Mit Sambal ulek und Salz würzen. Die Pfanne vom Herd nehmen, die Füllung etwas abkühlen lassen und das Ei unterrühren.

4 Den Teig in vier gleich große Stücke teilen und zu Kugeln formen. Die vier Teigkugeln nacheinander mit der Hand flachdrücken und vorsichtig etwa auf die Größe eines DIN-A-4-Blattes auseinanderziehen. Die Teigblätter sollen hauchdünn sein, und sie dürfen nicht reißen.

5 ⅛ l Öl in einer großen Pfanne erhitzen. Inzwischen je ein Viertel der Füllung in die Mitte eines Teigblattes geben. Jedes Blatt wie einen Briefumschlag über der Füllung zusammenfalten. Teigtaschen portionsweise in die Pfanne geben und etwas flachdrücken (sie sollten etwa 3 cm dick sein). Bei schwacher bis mittlerer Hitze von jeder Seite 4–5 Min. knusprig braun braten.

Info: Martabak, ausgesprochen »Mahtabah«, ist ursprünglich ein indisches Rezept. Aber überall, wo in Südostasien Inder leben, sind die süß, meist aber salzig gefüllten Pfannkuchen zu einem beliebten Snack geworden. Wenn Sie einmal beobachtet haben, mit wieviel Geschick und Schnelligkeit Martabak-Verkäufer auf den Nachtmärkten Westsumatras den Teig herstellen, werden Sie sich kaum vorstellen können, daß man auch zu Hause exzellentes Martabak zubereiten kann: Ähnlich wie ein italienischer Pizzabäcker wirbelt der Martabak-Verkäufer die Teigmasse so lange durch die Luft, bis daraus ein papierdünnes Teigblatt entstanden ist. Ganz stilecht müßten Sie Martabak Ihren Gästen übrigens in Zeitungspapier gewickelt servieren und dazu Röstzwiebeln (S. 28) und Ketchup reichen. Man kann es auch mit Chiliblume und Gurkenscheiben anrichten.

Variante: Gebratenes Fladenbrot (Roti)
Aus Martabakteig wird auch ohne Füllung gebratenes Fladenbrot zubereitet. Rollen Sie den im Rezept beschriebenen Teig zu 4–6 Fladen aus und braten Sie diese in einer Pfanne mit ⅛ l Öl bei mittlerer Hitze etwa 3 Min. von beiden Seiten. Diese Fladenbrote heißen Rotis und werden zu Curries gereicht. Zum Essen reißt man ein Roti mit den Händen auseinander und tunkt es in die Sauce.

Indonesische Frühlingsrollen

Von Java und Bali · Raffiniert **Lumpia**

Zutaten für etwa 12 Rollen:
Für den Teig:
1 Ei
½ TL Salz
175 g Weizenmehl + Reismehl zum Ausrollen
Für die Füllung:
60 g Glasnudeln
200 g Hühnerbrustfilet
5 Chinakohlblätter
1 Bund Frühlingszwiebeln
1 Möhre
3 Knoblauchzehen
1 Stück frischer Ingwer (4 cm)
100 g frische Sojabohnenkeimlinge
2 EL Kokosöl
½ TL Sambal ulek (S. 42)
2 EL Kecap manis (süße Sojasauce)
Salz
½ l Öl zum Ausbacken
Chilisaucen zum Servieren (S. 42, 44)

Zubereitungszeit: 1 Std. (+ 3 Std. Ruhen)

Pro Stück: 720 kJ/170 kcal

1 Für die Teighüllen Ei und Salz mit 5 EL Wasser verrühren, das Mehl dazusieben und zu einem geschmeidigen Teig verkneten. Zugedeckt mindestens 3 Std. ruhen lassen.

2 Glasnudeln in einer Schüssel mit kochendem Wasser überbrühen, etwa 10 Min. einweichen. Das Hühnerbrustfilet kalt abbrausen, abtrocknen und fein würfeln. Kohlblätter waschen, trockenschütteln und in dünne Streifen schneiden. Frühlingszwiebeln putzen, waschen und in feine Ringe schneiden. Möhre schaben und sehr fein stifteln. Knoblauch schälen und zerdrücken. Ingwer schälen und fein raspeln. Sojabohnenkeimlinge abbrausen und gut abtropfen lassen. Glasnudeln in ein Sieb abgießen, mit kaltem Wasser abspülen und zerkleinern.

3 Im Wok oder in einer großen Pfanne 2 EL Öl erhitzen. Knoblauch und Ingwer glasig dünsten. Das gewürfelte Hühnerfleisch hinzufügen und bei starker Hitze unter ständigem Rühren 1–2 Min. anbraten, dann die Frühlingszwiebeln und die Möhrenstifte dazugeben und mitbraten. Nach etwa 2 Min. die Chinakohlstreifen untermischen und nach weiteren 2 Min. Glasnudeln, Sojabohnenkeimlinge und Sambal ulek hinzufügen und noch 1 Min. rührend braten. Mit Kecap manis und Salz abschmecken. Die Füllmasse vom Herd nehmen und abkühlen lassen.

4 Vom Teig jeweils eine walnußgroße Portion abnehmen und auf einer gut bemehlten Arbeitsfläche mit Reismehl papierdünn ausrollen.

5 1 EL Füllung an den unteren Rand setzen, die Außenseiten zur Mitte hin umklappen, die Ränder evtl. mit Wasser bestreichen und von unten fest aufrollen, damit die Füllung beim Backen nicht heraustreten kann. Die fertigen Frühlingsrollen auf einen gut bemehlten Teller legen.

6 Öl in einer Kasserolle oder Friteuse erhitzen. Die Frühlingsrollen portionsweise hineingeben und in etwa 5 Min. goldgelb ausbacken. Herausheben und auf Küchenpapier abtropfen lassen. Mit verschiedenen Chilisaucen servieren.

Tip! Frühlingsrollenblätter sind auch tiefgekühlt in verschiedenen Größen erhältlich. Nicht benötigte Platten lassen sich wieder einfrieren.

Gemüse und Tofu

Saure Gemüsesuppe

Vegetarisch · Gelingt leicht
Sayur asem

Zutaten für 4 Portionen:
- 4 EL Tamarindenmark
- 1 mittelgroße Aubergine
- 1 Zucchino
- 5 Weißkohlblätter
- 150 g grüne Bohnen
- 1 mittelgroße Kartoffel, mehligkochend
- ½ Bund Frühlingszwiebeln
- 2–3 Knoblauchzehen
- 1 Stück frischer Ingwer (4 cm)
- 4 Kemirinüsse
- ½ TL Terasi (Garnelenpaste)
- ½ TL Sambal ulek (S. 42)
- 1 TL Palmzucker · Salz
- nach Belieben 1 EL Kecap manis (süße Sojasauce)

Zubereitungszeit: 45 Min.

Pro Portion: 470 kJ/110 kcal

1 Tamarindenmark in einer Schüssel mit 750 ml heißem Wasser einweichen.

2 Inzwischen das Gemüse waschen. Aubergine würfeln, Zucchino vom Stielansatz befreien und in Scheiben schneiden. Die Weißkohlblätter in etwa 1 cm breite Streifen schneiden. Bohnen putzen und in schräge, etwa 4 cm lange Stücke schneiden. Kartoffel schälen und in hauchdünne Scheiben schneiden. Frühlingszwiebeln putzen und in dünne Ringe, das Grün in etwa 5 cm lange Stücke, diese dann in feine Streifen schneiden. Knoblauch schälen und zerdrücken. Ingwer schälen und fein raspeln. Kemirinüsse fein reiben. Terasi mit dem Löffelrücken zerdrücken.

3 Tamarindenmark im Einweichwasser verrühren, bis dieses dick und braun wird, und durch ein Sieb streichen. Den Saft auffangen.

4 Den Tamarindensaft in einem großen Topf zum Kochen bringen. Kartoffeln und Bohnen darin etwa 5 Min. vorgaren. Das restliche Gemüse, die Zwiebelringe und die Gewürze dazugeben und bei mittlerer Hitze zugedeckt weitere 10 Min. garen, bis das Gemüse bißfest ist. Zum Schluß die Streifen der Frühlingszwiebeln untermischen. Mit Salz und evtl. mit süßer Sojasauce abschmecken.

Info: In Indonesien werden Suppen als Beilagen zu Reis gegessen.

Kemirinüsse

Unter dem deutschen Namen Bankulnüsse sind die Kemiris so gut wie unbekannt. Die englische Bezeichnung candlenut rührt daher, daß die Nüsse, wenn sie mit der Faser eines Bananenblattes umwickelt werden, eine einfache Kerze abgeben, denn ihr Kern ist wachsähnlich und reich an Öl. Der ursprünglich in Australien beheimatete Baum kommt vor allem auf den Molukken vor, aber auch auf anderen Inseln säumt er als Schattenspender die Straßen. Die Kemirinuß sieht aus wie eine Haselnuß, ist aber runder und fast walnußgroß. Sie läßt sich schwer schälen, weil die Schale äußerst hart und der Kern kaum von ihr zu trennen ist. Es empfiehlt sich deshalb, bereits geschälte Nüsse zu kaufen, die fein zerrieben in der indonesischen Küche zum Andicken von Curries, zum Binden von Suppen und zum Aromatisieren von Fleisch-, Geflügel- und Fischgerichten verwendet werden.

Kemirinüsse sollten nur ganz frisch gemahlen verwendet werden.

Gemüse in Kokosmilch

Von Java und Bali · Gelingt leicht Sayur lodeh

Zutaten für 4 Portionen:
1 Zucchino · 5 Weißkohlblätter
¼ Blumenkohl · 1 Möhre
1 gelbe Paprikaschote
½ Bund Frühlingszwiebeln
100 g frische Sojabohnenkeimlinge
1 kleine Dose Bambussprossen in Streifen
1 Schalotte · 3 Knoblauchzehen
4 Kemirinüsse
½ TL Terasi (Garnelenpaste)
½ TL Sambal ulek (S. 42) · Salz
1–2 EL Kokosöl
400 ml Kokosmilch, ungesüßt
schwarzer Pfeffer, frisch gemahlen
nach Belieben 1 EL Kecap manis
(süße Sojasauce)

Zubereitungszeit: 45 Min.

Pro Portion: 2400 kJ/570 kcal

1 Zucchino vom Stielansatz befreien, längs halbieren und in Scheiben schneiden. Kohlblätter in etwa 1 cm breite Streifen schneiden. Blumenkohl in kleine Röschen zerpflücken. Möhre schälen und würfeln. Paprikaschote halbieren, von Kernen, Rippen und Stielansatz befreien und in Streifen schneiden. Frühlingszwiebeln putzen, in etwa 5 cm lange Stücke und diese in Längsstreifen schneiden. Alles Gemüse waschen. Sojabohnenkeimlinge und Bambussprossen abspülen und in einem Sieb abtropfen lassen.

2 Schalotte und Knoblauch schälen und kleinhacken. Kemirinüsse fein reiben. Terasi mit dem Löffelrücken zerdrücken. Diese Würzzutaten mit Sambal ulek und Salz zu einer dicken Paste verrühren.

3 Öl im Wok oder in einem Topf erhitzen und die Paste unter ständigem Rühren bei mittlerer Hitze etwa 3 Min. dünsten, dann mit 200 ml Wasser und der Kokosmilch ablöschen. Das Gemüse dazugeben und 10–15 Min. zugedeckt köcheln, bis es weich ist. Mit Salz, Pfeffer und nach Belieben mit Kecap manis abschmecken. Als Beilage Reis servieren.

Info: Die meisten gekochten Gemüsesorten werden als Sayur zubereitet, man läßt sie also nur kurz in Kokosmilch garen. Der natürliche Geschmack, die Farbe und die Festigkeit der Gemüsezutaten bleiben bei diesen suppenähnlichen Gerichten so am besten erhalten.

Spinatsuppe

Von Java · Vegetarisch Bobor bayam

Zutaten für 4 Portionen:
500 g frischer Blattspinat
1 kleine Stange Lauch
½ Bund Frühlingszwiebeln
3 Knoblauchzehen
1 Stück frischer Ingwer (4 cm)
1 Dose Maiskörner (340 g)
2 EL Kokosöl
400 ml Kokosmilch, ungesüßt
½ TL Sambal ulek (S. 42)
Muskatnuß, frisch gerieben
Salz

Zubereitungszeit: 40 Min.

Pro Portion: 3400 kJ/810 kcal

1 Spinat waschen, verlesen und grob hacken. Lauch und Frühlingszwiebeln putzen, waschen und schräg in dünne Ringe schneiden. Knoblauch schälen und zerdrücken. Ingwer schälen und fein raspeln. Die Maiskörner abspülen und abtropfen lassen.

2 Öl im Wok oder in einem großen Topf erhitzen. Lauch, Frühlingszwiebeln, Knoblauch und Ingwer etwa 3 Min. anbraten. Die Spinatblätter tropfnaß hineingeben und dünsten, bis sie zusammenfallen. Mit Kokosmilch aufgießen, Maiskörner und Sambal ulek hinzufügen, umrühren und etwa 5 Min. köcheln. Mit Muskatnuß und Salz abschmecken. Dazu Reis und Sambal ulek, selbstgemacht oder aus dem Glas, reichen.

Variante: Spinatsuppe mit Garnelen
(Bobor bayam udang)
Dünsten Sie mit dem Gemüse 250 g gegarte, geschälte Garnelen, die Sie vorher kalt abbrausen und trockentupfen. Ansonsten verfahren Sie wie im Rezept auf dieser Seite beschrieben.

Maisbällchen

Von Madura · Gelingt leicht

Perkedel jagung

Zutaten für etwa 16 Stück:
1 Dose Maiskörner (340 g)
150 g gegarte, geschälte Garnelen
2 Schalotten
1 Knoblauchzehe
1 Ei · 100 g Weizenmehl
½ TL Sambal ulek (S. 42)
1 TL gemahlener Koriander
Salz
½ l Öl zum Ausbacken

Zubereitungszeit: 30 Min.

Pro Stück: 430 kJ/100 kcal

1 Den Mais abspülen und in einem Sieb abtropfen lassen. Die Garnelen ebenfalls kalt abbrausen, abtropfen lassen und grob zerkleinern. Schalotten und Knoblauch schälen und fein hacken. Alle vorbereiteten Zutaten in eine Schüssel geben.

2 Inzwischen Ei in einer Schüssel verquirlen. Mehl darüber sieben. Alle vorbereiteten Zutaten, Gewürze und Salz hinzufügen und zu einem Teig verkneten.

3 Öl in einer Kasserolle oder Friteuse erhitzen. Teelöffelweise den Teig in das heiße Öl geben und portionsweise etwa 3 Min. schwimmend knusprig ausbacken.

4 Die fertigen Bällchen zum Aufsaugen von überschüssigem Fett abtropfen lassen. Heiß oder kalt als Snack oder als Beilage zur Reistafel servieren.

Dekotip: Chiliblume
1 große rote Chilischote von der Spitze bis zum Stielansatz in feine Streifen einschneiden. Kerne und Stiel entfernen. Vorsicht, sind sehr scharf, nicht in die Nähe der Augen bringen. Etwa 30 Min. in Eiswasser legen. Die Streifen rollen sich dabei blumenartig ein. Abtropfen lassen und die Maisbällchen damit verzieren.

Erdnußkroketten

Gut vorzubereiten · Vegetarisch

Rempeyek kacang

Zutaten für etwa 20 Stück:
2 Schalotten · 1 Knoblauchzehe
150 g geröstete Erdnußkerne
¼ l Kokosmilch, ungesüßt
½ TL Kurkuma (Gelbwurzpulver)
Salz · 1 TL gemahlener Koriander
1 TL gemahlener Kreuzkümmel
150 g Reismehl (ersatzweise Weizenmehl)
½ l Öl zum Ausbacken

Zubereitungszeit: 30 Min.

Pro Stück: 300 kJ/71 kcal

1 Schalotten schälen und fein hacken. Knoblauch schälen und zerdrücken. Nach Belieben die Erdnußkerne grob zerkleinern.

2 Inzwischen sämtliche Zutaten zu einem Teig verkneten. Mit zerkleinerten Erdnußkernen läßt sich der Teig besser formen als mit ganzen Kernen.

3 Öl in einer Kasserolle oder Friteuse erhitzen. Mit den bemehlten Händen etwa 20 pflaumengroße Kroketten formen oder den Teig teelöffelweise im heißen Öl portionsweise in etwa 3 Min. goldgelb fritieren.

4 Die gebackenen Kroketten auf Küchenpapier abtropfen lassen. Heiß oder kalt als Snack oder als Beilage zur Reistafel reichen.

Variante: Kokoskroketten
(Rempeyek teri)
Anstelle der Erdnußkerne Kokosraspeln oder frisch geriebene Kokosnuß verwenden.

Tip! Zum Bestreuen der Kroketten eignen sich Kokosraspel mit Erdnüssen, Beilagentip S. 71.

Krabbenbrot

Von Java · Geht schnell

Krupuk

Zutaten für 4 Portionen:
¼ l Öl zum Ausbacken
100 g kleine oder 4 große Krupuk

Zubereitungszeit: 10 Min.

Pro Portion: 470 kJ/110 kcal

1 Öl in einer Kasserolle oder Friteuse erhitzen. Das Öl muß so heiß sein, daß an einem Holzstäbchen, das man hineinhält, Blasen aufsteigen. Das Aufbakken dauert dann nur einige Sekunden.

2 Die Chips immer nur portionsweise aufbacken. Sie gehen nach dem Einlegen um mehr als das Doppelte ihrer Größe auf und sollen dann noch im Fett schwimmen. Nach wenigen Sekunden sind die Krupuk luftig und kroß. Sie dürfen auf keinen Fall braun werden, sonst schmecken sie bitter. Am besten eine Garprobe machen. Die fertigen Stücke mit einem Schaumlöffel aus dem Öl nehmen, auf Küchenpapier gut abtropfen lassen und sofort servieren.

Info: Knuspriges Krabbenbrot paßt als Beilage zu fast jedem indonesischen Gericht. Die Crackers aus gemahlenen Krabben und Tapiokastärke sind aber auch ein beliebter Snack für zwischendurch, ähnlich wie Kartoffelchips bei uns. Es gibt Krabbenbrot gebrauchsfertig zum Fritieren in verschiedenen Größen unter den Namen Krupuk udang, Kroepoek, Prawn Crackers oder Beignets de Crevettes. Die harten Chips sehen glasig aus und sind meist hell, manche Asienläden bieten sie auch gefärbt an.

Gurkensalat

Von Sulawesi · Gelingt leicht

Slada ketimun

Zutaten für 4 Portionen:
1 große Salatgurke
1 Bund Frühlingszwiebeln
2–3 EL weißer Essig
1 TL Zucker
Salz
½ TL Sambal ulek (S. 42)
nach Belieben Brunnenkresse

Zubereitungszeit: 10 Min.

Pro Portion: 160 kJ/38 kcal

1 Gurke schälen, längs halbieren und die Kerne herausschaben. Dann vierteln und die Viertel in Würfel schneiden. Frühlingszwiebeln putzen, waschen und schräg in dünne Ringe schneiden.

2 Essig, Zucker, Salz und Sambal ulek miteinander verrühren. Die Salatsauce über die gewürfelten Gurken und die Frühlingszwiebelringe gießen und das Ganze gut durchmischen. Nach Belieben mit Brunnenkresse bestreuen. Gurkensalat paßt als Beilage zu allen Gerichten.

Variante: Gurkenpickles
(Acar ketimun)
100 ml Essig, 6 EL Zitronensaft, 2 TL Zucker, ½ TL Salz etwa 2 Min. bei schwacher Hitze köcheln. 1 ganze Chilischote und 1 in Scheiben geschnittene Zwiebel 1 weitere Min. ziehen lassen. Gurkenwürfel in ein Einmachglas einschichten. Mit Essigmischung auffüllen und das Glas luftdicht verschließen. Glas gut durchschütteln. Hält mehrere Wochen.

Gemüse und Tofu

Tofu mit Erdnußsauce

Von Java · Vegetarisch **Tahu petis**

Zutaten für 4 Portionen:
2 Stück Tofu (je 250 g)
¼ l Öl zum Ausbacken

Für die Erdnußsauce:
2 Schalotten
3 Knoblauchzehen
100 g geröstete Erdnußkerne
⅛ TL Terasi (Garnelenpaste)
3 EL Kecap manis (süße Sojasauce)
Saft von ½ Zitrone
1 TL Sambal ulek (S. 42)
2 TL Palmzucker
2 EL Erdnußöl
300 ml Kokosmilch, ungesüßt · Salz
Kokosraspel mit Erdnüssen (S. 71)

Zubereitungszeit: 30 Min.

Pro Portion:
2700 kJ/640 kcal

1 Den Tofu abtropfen lassen. Jedes Stück Tofu der Länge nach halbieren, in knapp 1 cm breite Scheiben schneiden (das ergibt etwa 40 Stück). Öl in einer großen Pfanne erhitzen. Tofu portionsweise bei mittlerer Hitze etwa 5 Min. von beiden Seiten goldgelb und knusprig braten. Fertige Tofustücke herausheben und auf Küchenpapier abtropfen lassen.

2 Schalotten schälen und in grobe Stücke schneiden. Knoblauch schälen und mit den Schalotten und den restlichen Zutaten für die Sauce außer dem Öl und der Kokosmilch im Mixer pürieren.

3 Öl in einem Pfännchen erhitzen. Erdnußpaste bei mittlerer Hitze kurz darin anbraten. Mit der Kokosmilch (ersatzweise Wasser) ablöschen. Bei schwacher Hitze unter ständigem Rühren etwa 2 Min. köcheln.

4 Den Tofu vorsichtig mit der Erdnußsauce vermengen, leicht salzen und als Salat oder Beilage zu Reis servieren. Dazu Kokosraspel mit Erdnüssen reichen.

Info: Bei der Herstellung von Tofu (Sojabohnenquark) werden eingeweichte Sojabohnen püriert und mehrere Male mit Wasser aufgekocht. Dadurch trennen sich die Ballaststoffe von der »Milch«, die beim Auspressen abläuft (schmeckt eisgekühlt vorzüglich). Aus der ausgeflockten Milch entsteht Quark, der zu festen oder weichen Blöcken gepreßt wird. Frischer Tofu hält sich eingelegt in Wasser bis zu 1 Woche im Kühlschrank.

Tofu in Sojasauce

Von Java · Gelingt leicht **Tahu kecap**

Zutaten für 4 Portionen:
2 Schalotten
5 Knoblauchzehen
1 Stück frischer Ingwer (4 cm)
2 Stück Tofu (je 250 g)
¼ l Öl zum Ausbacken
3 EL Sojasauce
3 EL Kecap manis (süße Sojasauce)
3 EL Tomatenketchup
Salz
scharfe Tomatensauce (S. 44)

Zubereitungszeit: 30 Min.

Pro Portion: 520 kJ/120 kcal

1 Schalotten und Knoblauch schälen und kleinhacken. Ingwer schälen und fein raspeln.

2 Den Tofu abtropfen lassen. Jedes Stück der Länge nach halbieren, in knapp 1 cm breite Scheiben schneiden (das ergibt etwa 40 Stück). Öl in einer großen Pfanne erhitzen. Tofu portionsweise bei mittlerer Hitze etwa 5 Min. von beiden Seiten goldgelb und knusprig braten. Fertige Tofustücke herausnehmen und auf Küchenpapier abtropfen lassen.

3 Wenn alle Tofustücke ausgebacken sind, das Öl bis auf 2 EL abgießen. Im restlichen Öl Schalotten, Knoblauch und Ingwer bei mittlerer Hitze glasig dünsten. Mit beiden Sojasaucen und dem Ketchup ablöschen, den Tofu dazugeben und alles vorsichtig miteinander verrühren. Mit etwas Salz abschmecken. Dazu Reis und scharfe Tomatensauce servieren.

Variante: Tofu süß-sauer
(Tahu asam manis)
Den Tofu wie beschrieben zubereiten. Für die Sauce 1 EL Tamarindenmark mit 200 ml heißem Wasser einweichen, verrühren, bis das Wasser dick und braun wird, und durch ein Sieb streichen. Den Saft auffangen und mit 5 EL Palmzucker und der Hälfte der angegebenen Sojasaucenmenge die Sauce nach Anleitung kochen.

Tofu mit Gemüse

Von Java · Scharf   Tumis tahu tauge

Zutaten für 4 Portionen:
2 Stück Tofu (je 250 g)
¼ l Öl zum Ausbacken
200 g frische Sojabohnenkeimlinge
½ Bund Frühlingszwiebeln
½ Salatgurke
Salz
2–3 Knoblauchzehen
2 EL Sojasauce
4 EL Kecap manis (süße Sojasauce)
½ TL Sambal ulek (S. 42)
2 TL Palmzucker
Chili-Soja-Sauce (S. 42)

Zubereitungszeit: 35 Min.

Pro Portion: 590 kJ/140 kcal

1 Den Tofu abtropfen lassen. Jedes Stück der Länge nach halbieren, in knapp 1 cm breite Scheiben schneiden (das ergibt etwa 40 Stück). Öl in einer großen Pfanne erhitzen. Tofu portionsweise bei mittlerer Hitze etwa 5 Min. von beiden Seiten goldgelb und knusprig braten. Fertige Tofustücke herausheben und auf Küchenpapier abtropfen lassen. Warm stellen.

2 Sojabohnenkeimlinge mit heißem Wasser überbrühen und in einem Sieb abtropfen lassen. Frühlingszwiebeln putzen, waschen und schräg in dünne Ringe schneiden. Gurke schälen, längs halbieren und die Kerne herausschaben. Dann in Würfel schneiden. Tofu, Sojabohnenkeimlinge, Frühlingszwiebeln und Gurke auf einer Platte arrangieren. Das Gemüse mit Salz bestreuen.

3 Knoblauch schälen, zerdrücken und mit den beiden Sojasaucen, Sambal ulek und dem in 1 EL heißem Wasser aufgelösten Palmzucker verrühren. Die Sauce über das Gemüse träufeln. Das Gemüse entweder mit dem Tofu vermengen oder getrennt reichen. Als Salat oder mit Reis und Chili-Soja-Sauce (ohne Frühlingszwiebeln) servieren.

Sojaprodukte: Sojasprossen, Tempeh (links), Tofu (rechts) und Sojabohnen.

Sojabohnen

Wie kaum eine andere Kulturpflanze ist die Wunderbohne reich an Nährstoffen und vielseitig in ihrer Verwendung. In Ostasien, wo man die Sojabohne schon vor fast 5000 Jahren anbaute, galten die aus ihr gewonnenen Produkte lange Zeit als Eiweißspender für Leute, die sich kein Fleisch leisten konnten. Deshalb wird die Sojabohne auf vielfältige Weise verarbeitet: Tofu, ein weißes, geschmacksneutrales Vollwertprodukt, gilt auch in Indonesien als eines der bedeutendsten Lebensmittel, wo es als Tahu bekannt ist. Der eiweißhaltige Bohnenquark wird normalerweise in Blöcken angeboten und in schwimmendem Fett goldgelb fritiert.

Ein weiteres traditionelles indonesisches Sojaprodukt ist Tempeh. Zu seiner Herstellung werden Sojabohnen eingeweicht, geschält, gedämpft und oberflächlich getrocknet. Nach der Impfung mit Rhizopus-Kulturen wachsen die Sojabohnen innerhalb weniger Tage zu einem kompakten weißen Kuchen zusammen, der zu 50% aus hochwertigem Eiweiß besteht. In dem Sojabohnenkuchen sind die Bohnen ganz enthalten.

Tempeh-Sojabrot

Von Java und Bali · Vegetarisch

Tempe goreng

Zutaten für 4 Portionen:
1 Bund Frühlingszwiebeln
3 Knoblauchzehen
450 g Tempeh
¼ l Öl zum Ausbacken
1 TL Sambal ulek (S. 42)
2 TL Palmzucker
Salz
6 EL Kecap manis (süße Sojasauce)

Zubereitungszeit: 30 Min.

Pro Portion: 480 kJ/110 kcal

1 Frühlingszwiebeln putzen, waschen und schräg in dünne Ringe schneiden. Knoblauch schälen und zerdrücken.

2 Tempeh der Länge nach halbieren, in etwa 1 cm breite Scheiben schneiden (das ergibt etwa 30 Stück).

3 Öl in einer großen Pfanne erhitzen, Tempehscheiben portionsweise bei mittlerer Hitze 2–3 Min. von beiden Seiten knusprig braten. Achten Sie aber darauf, daß die Scheiben gut durchgebraten sind, denn nur dann verliert das Tempeh seinen leicht säuerlichen, modrigen Geschmack. Fertiges Tempeh herausheben und auf Küchenpapier abtropfen lassen.

4 Wenn alle Tempehscheiben fertig sind, sollte nur noch wenig Öl in der Pfanne sein (evtl. nachgießen). Im restlichen Öl die Frühlingszwiebeln und den Knoblauch bei mittlerer Hitze glasig dünsten. Sambal ulek, Palmzucker und Salz dazugeben und das Ganze mit süßer Sojasauce ablöschen. Etwa 1 Min. köcheln lassen, bis die Sauce eindickt. Dann Tempeh mit in die Pfanne geben und vorsichtig mit der Sauce vermischen. Das Gericht heiß oder kalt servieren.

Varianten: Tempeh süß-sauer

(Tempe asam manis)
Tempeh wie angegeben ausbacken. Für die Sauce 1 EL Tamarindenmark mit 200 ml heißem Wasser einweichen, verrühren, bis das Wasser dick und braun wird, und durch ein Sieb streichen. Den Saft auffangen und mit 5 EL Palmzucker und 3 EL Kecap manis nach Anleitung die Sauce zubereiten.

Tempeh mit Sojabohnenkeimlingen

(Tempe tumis tauge)
Tempeh wie angegeben ausbacken. Die Sauce nach dem Rezept S. 118, Tofu mit Gemüse, zubereiten.

Info: Dieses vegetarische Gericht liefert vollwertiges Eiweiß und ist leicht verdaulich. Tempeh nimmt, wie alle Sojabohnenprodukte, die Aromen anderer Lebensmittel, mit denen es in einer Pfanne gebraten wird, sehr leicht an.

EXOTISCHE DESSERTS

In Anbetracht der Überfülle der in Indonesien wachsenden Obstsorten enden die Menüs typischerweise mit frischem Obst, wie Bananen, Ananas, Papayas und Mangos, aber auch andere Sorten werden gern gegessen. Oft haben sie nicht einmal einen deutschen Namen, so z.B. Nangkas (engl. Jackfruit), bis zu 20 kg schwere, ovale, grüne Früchte, oder Rambutan, aprikosengroße, rote Früchte mit langen Haaren, deren Fruchtfleisch an Lychees erinnert. Besonders widersprüchlich sind die Meinungen über die an Bäumen wachsende wassermelonengroße Durian. Für Indonesier ist sie die »Königin der Früchte«, für die meisten Europäer heißt sie schlicht die »Stinkfrucht«, denn ihr Fruchtfleisch schmeckt und riecht nach uraltem Camembert. Viele Süßspeisen basieren auf verschiedenen Kombinationen aus Reis, Kokosmilch und Palmzucker. Sie werden weniger als Nachtisch als vielmehr bei Teepausen oder besonderen Festlichkeiten gegessen. Aber nichts sollte Sie abhalten, einige dieser köstlichen Süßspeisen, wie z.B. gefüllte Reismehlkugeln, auch als Abschluß eines Menüs zu servieren, also als Dessert in unserem Sinne, aber doch unverkennbar asiatisch.

Tropischer Obstsalat

Von Bali · Geht schnell **Buah buahan**

Zutaten für 6 Portionen:
1 große Ananas
1 weiche Mango
1 feste Papaya
2 reife Karambolen (Sternfrüchte)
3 Bananen
250 g Lychees oder Rambutan
(ersatzweise aus der Dose)
Saft von 1 Zitrone

Zubereitungszeit: 20 Min.

Pro Portion: 1100 kJ/260 kcal

1 Ananas längs halbieren und durch den Blattschopf schneiden. Das Fleisch aus der Schale herauslösen und in Würfel schneiden. Dabei die Teile des harten Mittelstrunks entfernen. Die beiden halben Ananasschalen zum Servieren beiseite legen.

2 Die Haut der Mango abziehen und das Fruchtfleisch in kleinen Scheiben um den großen Kern herumschneiden.

3 Papayahaut mit einem Sparschäler längs streifenförmig abschälen. Die Frucht halbieren und die Kerne mit einem Löffel herauslösen. Fruchtfleisch in Scheiben schneiden.

4 Die Karambolen quer in sternförmige dünne Scheiben schneiden.

5 Bananen schälen und in etwa $1/2$ cm dicke Scheiben schneiden.

6 Von den Lychees oder Rambutan die Schale entfernen, aus dem Fruchtfleisch den Kern herausschneiden. Früchte halbieren.

7 Das Obst in einer Schüssel vermengen, mit dem Zitronensaft beträufeln und in den beiseite gelegten Ananasschalen servieren.

Tip! Exotische Früchte niemals im Kühlschrank aufbewahren, denn dort halten sie sich schlecht, da sie sehr kälteempfindlich sind.

Mango

Seit ewigen Zeiten gehört die Mango in der Erntezeit von Ende März bis Ende Mai zur täglichen Nahrung der Bewohner Indonesiens und Südostasiens. Sie verkörpert Kraft und Stärke, und in der Dichtkunst ist es der Duft der Mangoblüten, der die einsam Liebenden noch unglücklicher stimmt. Die Mango ist neben der Banane und Ananas die wichtigste Tropenfrucht Indonesiens. Allerdings gelangen nur weniger als 1% in den Export, denn Mangos sind sehr transportanfällig. Sie vertragen weder Druck noch Temperaturen unter 13°. Es gibt Früchte, die kaum größer als Aprikosen sind, andere wiegen bis zu 1 kg. Ihre Form kann von rund über oval bis länglich und nierenförmig reichen. Die Farbe variiert von Grün, Gelb, Orange bis hin zu kräftigem Rot. Der Geschmack ist aufgrund der enorm großen Sortenauswahl viel breiter gefächert als etwa beim Apfel. Reife Mangos schmecken pfirsichähnlich, unreife Früchte werden wie Gemüse behandelt. Gemein ist allen Mangos ihre glatte, leicht ledrige Schale, die etwas nach Terpentin riecht. Unter ihr verbirgt sich das saftige goldgelbe Fruchtfleisch, das je nach Sorte weich bis fest und faserig bis faserfrei ist.

Es gibt in Indonesien eine große Sortenauswahl an Mangos.

Duftender Pudding
Buah buah amandel

Von Java und Bali · Gelingt leicht

Zutaten für 4 Portionen:
15 g Agar-Agar im Stück
(etwa 15 cm)
oder 1/2 Päckchen Agar-Agar-Pulver
300 ml Milch
150 g Zucker
1 1/2 TL Mandelessenz
400 g Ananaswürfel
100 g Lychees

Zubereitungszeit: 35 Min.
(+ 12 Std. Einweichen,
+ 4 Std. Abkühlen)

Pro Portion: 1100 kJ/260 kcal

1 Agar-Agar im Stück am Vortag in 2 cm lange Stücke schneiden und über Nacht in kaltem Wasser einweichen.

2 300 ml Wasser, Milch und Zucker in einem flachen Topf aufkochen, dann die eingeweichten Agar-Agar-Stückchen ausdrücken, dazugeben, erneut aufkochen und unter ständigem Rühren bei schwacher Hitze etwa 5 Min. köcheln. Wenn Sie Agar-Agar-Pulver verwenden, mit 300 ml Wasser, Milch und Zucker verrühren und unter ständigem Rühren bei schwacher Hitze etwa 5 Min. köcheln.

3 Den Topf vom Herd nehmen und etwa 20 Min. abkühlen lassen. Die Mandelessenz unterrühren und die Masse in eine mit kaltem Wasser ausgespülte Stürzform gießen. Den Pudding zugedeckt im Kühlschrank mindestens 4 Std. stehenlassen. Vor dem Servieren aus der Form stürzen und mit Ananaswürfeln und geschälten Lychees servieren.

Info: Das Geliermittel, das aus asiatischen Meeresalgen gewonnen wird, besitzt eine stärkere Gelierkraft als Gelatine. Agar-Agar ist in Naturkostläden oder in Asienläden erhältlich, in letzterem auch als Pulver und in bunten Farben.

Tip! Wenn Sie den Pudding in unterschiedliche Formen gießen, erhalten Sie Würfel oder Kegel.

Gedämpfter Kokospudding
Serikaya

Von Sumatra und Java

Zutaten für 4 Portionen:
1 EL Margarine (ersatzweise Butter)
3 Eier
100 g Palmzucker
400 ml Kokosmilch, ungesüßt
1 Prise Salz
50 g Kokosraspel (frisch oder getrocknet)

Zubereitungszeit: 40 Min.
(+ 6 Std. Abkühlen)

Pro Portion: 870 kJ/210 kcal

1 Mit Margarine bzw. Butter eine feuerfeste Puddingform ausstreichen.

2 Eier mit 90 g Palmzucker schaumig schlagen, die Kokosmilch und 1 Prise Salz dazurühren. Die Masse in die Form gießen.

3 Die Puddingform in einen Topf stellen. Heißes Wasser angießen, bis die Form zu zwei Dritteln im Wasser steht. Wasser im Topf zum Kochen bringen und den Pudding etwa 30 Min. mit geschlossenem Topfdeckel bei schwacher Hitze dämpfen, bis er fest geworden ist (evtl. Wasser nachfüllen). Pudding mindestens 6 Std. abkühlen lassen.

4 Kokosraspel in einer heißen Pfanne ohne Fett bei schwacher Hitze etwa 5 Min. unter ständigem Rühren goldbraun rösten. Mit dem restlichen Palmzucker vermengen und in eine Dessertschale geben. Abgekühlten Pudding aus der Form stürzen, aufschneiden und über den Kokoschips anrichten.

Zweifarbige Reistorte

Von Sumatra · Braucht etwas Zeit **Kue putu mayang**

*Zutaten für 8–12 Portionen,
für eine Springform von 24 cm Ø:*
250 g Klebreis (Ketan)
400 ml Kokosmilch, ungesüßt
1 EL Margarine (ersatzweise Butter)
2 Daun-pandan-Blätter
3 Eier
90 g Palmzucker
30 g Tapiokamehl
*4 Tropfen Daun-pandan-Essenz
(grüne Lebensmittelfarbe)*
2 Tropfen Vanilleessenz

*Zubereitungszeit: 1 ½ Std.
(+ 2 Std. Einweichen,
+ 3 Std. Abkühlen)*

*Bei 12 Portionen pro Portion:
530 kJ/130 kcal*

1 Den Klebreis waschen, bis das Wasser klar bleibt, abtropfen lassen, dann in eine Schüssel geben und reichlich kaltes Wasser zugießen, bis der Reis bedeckt ist. Mindestens 2 Std. stehenlassen. Dann das Wasser abgießen. Klebreis in einem Siebeinsatz über kochendem Wasser mit geschlossenem Deckel oder im Reisdämpfer etwa 10 Min. dämpfen. Den Dämpfer von der heißen Herdplatte nehmen. Inzwischen eine große beschichtete Pfanne erhitzen. Den Klebreis mit 150 ml Kokosmilch vermengen und bei schwacher Hitze etwa 2 Min. rühren, bis der Reis die Kokosmilch vollständig aufgesogen hat. Dann die Pfanne vom Herd nehmen, den Dämpfer wieder erhitzen und die Klebreismasse erneut etwa 15 Min. mit geschlossenem Deckel dämpfen, bis der Reis weich ist.

2 Eine Springform von etwa 24 cm Durchmesser mit Margarine bzw. Butter einfetten. Den weichen Reis hineingeben und gleichmäßig flach und fest an den Boden drücken.

3 Daun-pandan-Blätter zusammenfalten, in einer Tasse mit 30 ml kochendem Wasser übergießen und zum Abkühlen stehenlassen. Inzwischen Eier mit Palmzucker schaumig rühren und das Tapiokamehl unterheben.

4 Daun-pandan-Blätter aus dem aromatisierten Wasser nehmen und dieses mit der restlichen Kokosmilch, der Daun-pandan- und der Vanilleessenz unter die Eimasse rühren.

5 Die Eimasse über der Klebreisschicht in der Springform gleichmäßig verteilen, dann die Form in einen passenden Topf stellen, so daß die Form zu zwei Dritteln ihrer Höhe im heißen Wasser steht, und zugedeckt etwa 1 Std. bei schwacher Hitze dämpfen, bis die Eimasse fest geworden ist. Die Torte vorsichtig mit einem Messer vom Rand lösen, mindestens 3 Std. abkühlen lassen und auf eine Servierplatte stürzen und in Portionsstücke schneiden.

Exotische Desserts

Gefüllte Reismehlkugeln

Onde onde

Von Bali · Etwas schwieriger

Zutaten für 4 Portionen:
250 g Klebreismehl
Salz
3 Tropfen Daun-pandan-Essenz (grüne Lebensmittelfarbe)
70 g Palmzucker im Stück
100 g Kokosraspel (frisch oder getrocknet)

Zubereitungszeit: 1 1/4 Std.

Pro Portion: 1700 kJ/400 kcal

1 Klebreismehl mit 1 Prise Salz in eine Rührschüssel geben. Die Lebensmittelfarbe in 250 ml Wasser einrühren. Eßlöffelweise das grüne Wasser ans Mehl gießen und verarbeiten, dann den Teig auf einer trockenen, unbemehlten Arbeitsfläche mit den Händen weiterkneten, bis er geschmeidig ist. Er darf nicht mehr an den Fingern kleben und muß sich leicht formen lassen, ohne brüchig zu werden.

2 In einem großen Topf 2 l Wasser mit etwas Salz zum Kochen bringen. Inzwischen den Palmzucker in kleine Würfel von etwa 0,7 cm Seitenlänge schneiden.

3 Aus einem Drittel der Teigmasse 15 kleine Kugeln formen. Mit dem Zeigefinger jeweils in die Mitte eine Vertiefung drücken und mit 1 Stückchen Palmzucker füllen. Öffnung wieder gut verschließen. Die Kugeln ins kochende Wasser geben, die Hitze reduzieren und etwa 15 Min. bei schwacher Hitze garen, dabei mehrmals wenden.

4 Gegen Ende der Garzeit mit dem Formen der nächsten 15 Kugeln beginnen. Verarbeiten Sie nie den ganzen Teig auf einmal, da er sonst brüchig wird und der Zucker herausläuft. Sollte der Teig inzwischen etwas zu trocken geworden sein, vor dem Weiterverarbeiten noch einmal mit nassen Händen durchkneten.

5 Sind die Bällchen gar, steigen sie an die Oberfläche. Vorsichtig mit einem Schaumlöffel aus dem Wasser heben und in einem Sieb abtropfen lassen. Die zweite und dritte Menge Kugeln nach und nach ins Wasser geben und jeweils ebenfalls etwa 15 Min. garen.

6 Die fertigen Reismehlkugeln in den Kokosraspeln wälzen und auf einen Servierteller legen.

Süßkartoffeln in Kokosmilch

Kolak ubi

Geht schnell · Gelingt leicht

Zutaten für 6 Portionen:
500 g Süßkartoffeln (Bataten)
1/2 l Kokosmilch, ungesüßt
100 g Palmzucker
1 Prise Salz

Zubereitungszeit: 30 Min.

Pro Portion: 560 kJ/130 kcal

1 Süßkartoffeln gründlich schälen, waschen und würfeln.

2 Die Kokosmilch langsam erhitzen, Palmzucker darin auflösen. Süßkartoffelwürfel und Salz hineingeben und bei schwacher Hitze zugedeckt in etwa 20 Min. weich kochen. Heiß oder abgekühlt servieren.

Info: Süßkartoffeln sind sehr stärkehaltig. Man unterscheidet weiße, rote und gelbe Sorten. Am besten schmecken die gelben. Bataten bereitet man wie Kartoffeln zu, nur mit etwas weniger Salz.

Gefüllte Eierkuchenröllchen

Von Sumatra · Etwas schwieriger Dadar gulung

Zutaten für 6 Stück:
Für die Füllung:
5 EL Palmzucker
100 g Kokosraspel

Für den Teig:
200 ml Kokosmilch, ungesüßt
6 Tropfen grüne Lebensmittelfarbe
2 Eier
150 g Weizenmehl
1 Prise Salz
3 EL Öl zum Ausbacken

Zubereitungszeit: 45 Min.

Pro Stück: 800 kJ/190 kcal

1 Den Palmzucker mit 100 ml Wasser in einem Topf verrühren und unter ständigem Rühren erhitzen, bis sich der Zucker vollständig aufgelöst hat. 80 g Kokosraspel dazugeben und bei schwacher Hitze unter ständigem Rühren so lange köcheln, bis die Flüssigkeit vollständig von den Kokosraspeln aufgesogen wurde. Den Topf vom Herd nehmen und die Füllung abkühlen lassen.

2 Inzwischen den Eierkuchenteig zubereiten: Kokosmilch mit Lebensmittelfarbe verrühren. Eier schaumig schlagen und dazugeben. Nach und nach das gesiebte Mehl und 1 Prise Salz unterrühren.

3 Eine Pfanne mit 1 TL Öl einfetten, dann erhitzen und jeweils 1 Schöpflöffel Teig hineingießen. Die Eierkuchen sollen möglichst dünn werden. Jeden Eierkuchen etwa 3 Min. backen, bis er von der Unterseite goldbraun ist, dann die andere Seite kurz braten, aus der Pfanne nehmen. Fertige Eierkuchen warm stellen, bis alle ausgebacken sind. Nach jedem Eierkuchen 1 TL Öl in die Pfanne geben.

4 Die Eierkuchen füllen: Dazu jeweils 1 EL Kokosmasse auf dem unteren Rand eines Eierkuchens verteilen. Die Außenseiten zur Mitte hin umschlagen und aufrollen. Auf einer vorgewärmten Servierplatte anrichten und mit den übrigen Kokosraspeln bestreuen.

Erdnuß-Sesam-Eierkuchen

Von Sumbawa · Braucht etwas Zeit

Kue apem

Zutaten für 6–8 Stück:
70 g Erdnußkerne, ungesalzen
3 EL Sesam (Reformhaus)
5 EL Zucker
2 Eier
250 g Weizenmehl
3 TL Backpulver
Salz
2 EL Erdnußöl
+ 4 EL Öl zum Ausbacken
¼ l Milch

Zubereitungszeit: 1 Std.

Bei 8 Stück pro Stück:
1300 kJ/310 kcal

1 Erdnußkerne grob zermahlen und zusammen mit Sesam in einer Pfanne ohne Fett bei schwacher Hitze unter ständigem Rühren etwa 2 Min. rösten, dann in einer Schüssel mit 4 EL Zucker vermischen und beiseite stellen.

2 Eier und 1 EL Zucker in einer Schüssel schaumig schlagen. Mehl darüber sieben, Backpulver, Salz, Öl und Milch dazugeben und alles gründlich verrühren. Nach und nach ⅛ l Wasser zu einem dünnflüssigen Teig unterrühren.

3 In einer mittelgroßen Pfanne 1 TL Öl erhitzen und jeweils 1 Schöpflöffel Teigmasse bei mittlerer Hitze backen. Nach etwa 3 Min. 2 EL Erdnuß-Sesam-Mischung auf den Eierkuchen streuen, zugedeckt in 2–3 Min. fertigbacken, dann aus der Pfanne heben und in der Mitte zusammenklappen. Mit der restlichen Teigmasse genauso verfahren; nach jedem Eierkuchen 1 TL Öl in die Pfanne gießen. Fertige Eierkuchen warm stellen.

Cassave-Kokos-Kuchen

Von den Molukken · Gelingt leicht **Bingka singkong**

Zutaten für 6–8 Portionen:
1,5 kg Cassavewurzeln (frisch oder tiefgekühlt)
2 EL Margarine (ersatzweise Butter) für die Backform
2 Eier
1 Prise Salz
300 g Zucker
½ l Kokosmilch, ungesüßt

Zubereitungszeit: 25 Min. (+ 45 Min. Backen, + 1 ½ Std. Abkühlen)

Bei 8 Portionen pro Portion: 930 kJ/220 kcal

1 Die Cassavewurzeln schälen, dabei auch die äußere, faserige Schicht des weißen Fleisches abziehen, dann fein raspeln und die Masse portionsweise gut ausdrücken. Aufgetaute Cassavewurzeln fein raspeln.

2 Den Backofen auf 225° (Gas Stufe 4) vorheizen. Eine flache, etwa 25 x 30 cm große Backform mit Margarine bzw. Butter ausstreichen. Eier mit 1 Prise Salz in einer Schüssel schaumig schlagen, Zucker dazugeben. Die geschlagenen Eier gut mit der Kokosmilch und der Cassavemasse verrühren. Die Masse in einer beschichteten Pfanne bei mittlerer Hitze unter ständigem Rühren etwa 5 Min. einkochen, bis sie zäh und glasig ist.

3 Die Cassavemasse in die Backform füllen und gleichmäßig glattstreichen, dann im vorgeheizten Backofen (Mitte) etwa 45 Min. backen, bis die Oberfläche goldbraun ist. Den Kuchen aus dem Ofen nehmen, abkühlen lassen und in portionsgerechte Stücke schneiden.

Info: Die Wurzelknollen der Cassave, auch als Maniok oder Tapioka bekannt, werden vor allem auf den östlichsten indonesischen Inseln angebaut. Diese Wurzeln sind bis zu 50 cm lang und 5–10 cm dick. Ihre Schale ist meist braun bis rot. Aufgrund ihres hohen Stärkegehaltes gilt die Cassavewurzel als ideales Dickungsmittel. Tiefgekühlt ist das weiße Wurzelfleisch als 400-g-Packungen im Fachgeschäft erhältlich.

Bananenbällchen

Ganz Indonesien · Geht schnell **Jumput pisang goreng**

Zutaten für etwa 20 Stück:
2 überreife Bananen
3 EL brauner Zucker
100 g Weizenmehl
½ l Öl zum Ausbacken
nach Belieben 2 EL Kokosraspel zum Bestreuen

Zubereitungszeit: 15 Min.

Pro Stück: 130 kJ/31 kcal

1 Bananen pürieren und mit Zucker und Mehl zu einem Teig verrühren.

2 Öl in einer Kasserolle oder Friteuse erhitzen. Es ist heiß genug, wenn an einem hölzernen Kochlöffelstiel, den Sie ins heiße Öl tauchen, kleine Bläschen aufsteigen.

3 Den Bananenteig teelöffelweise ins heiße Öl geben und in etwa 2 Min. schwimmend goldgelb ausbacken. Bananenbällchen herausheben und auf Küchenpapier abtropfen lassen. Nach Belieben mit Kokosraspeln bestreuen. Heiß servieren.

Info: Die Banane gehört zu den gesündesten Früchten. Sie ist reich an den Vitaminen A, B_1, B_2, B_6, C, E und Niacin, enthält zahlreiche Mineralstoffe, vor allem Kalium, Phosphor, Eisen und Magnesium, sowie Ballaststoffe. Sie gehört zu den ältesten bekannten Kulturpflanzen der Erde. Trotzdem zählt diese paradiesische Frucht mit botanischem Namen Musa paradisica zu den jüngeren kulinarischen Erfahrungen, denn es ist erst etwa 100 Jahre her, daß diese gelbe Tropenfrucht ihren Weg auf europäische Märkte fand.

Exotische Desserts

Gebackene Bananen

Ganz Indonesien · Geht schnell

Pisang goreng

Zutaten für 4 Portionen:
1 Ei
1 EL Palmzucker
4 EL Maismehl
2 EL Tapiokamehl
1/2 TL Backpulver
1/4 TL Salz
2 EL Kokosraspel (frisch oder getrocknet)
50 ml Kokosmilch, ungesüßt
4 möglichst grüne Bananen
1/2 l Öl zum Ausbacken

Zubereitungszeit: 15 Min.
(+ 10 Min. Ruhen)

Pro Portion: 830 kJ/200 kcal

1 Ei mit Palmzucker verrühren, Mehl, Backpulver, Salz und Kokosraspel hinzufügen und mit Kokosmilch zu einem Teig verarbeiten. Den Teig etwa 10 Min. ruhen lassen.

2 Bananen schälen und der Länge nach halbieren.

3 Öl in einer Pfanne mit hohem Rand oder Friteuse erhitzen. Es ist heiß genug, wenn an einem hölzernen Kochlöffelstiel, den Sie ins heiße Öl tauchen, kleine Bläschen aufsteigen.

4 Bananenhälften nach und nach durch den Teig ziehen und im heißen Öl bei mittlerer Hitze etwa 4 Min. schwimmend goldgelb ausbacken, dabei einmal wenden. Die fertigen Bananen herausheben, auf Küchenpapier abtropfen lassen und heiß servieren.

Variante: Gebackene Ananas
(Nanas goreng)
Nehmen Sie anstelle der Bananen frische Ananasscheiben. Andere Obstsorten lassen sich ebenso im Ausbackteig zubereiten, aber z.B. auch Tofu.

Dieser Bananenwald wächst bei Tenganan, einem Bergdorf auf Bali.

Banane

Die zu den Beerenfrüchten zählende Bananenpflanze ist eine riesige, in nur einem Jahr bis zu 10 m Höhe wachsende Staude, die zwar nur einen Fruchtstand hervorbringt, der aber bis zu 50 kg wiegt. Er trägt etwa 200 Bananen, die nicht etwa am Fruchtstand hängen, sondern nur ganz kurz nach unten wachsen, sich dann aber hormonbedingt wenden und schnell mit ihren Spitzen nach oben dem Licht entgegenwachsen – darum ist die Banane krumm. In Indonesien gibt es fast zwei Dutzend verschiedene, in Größe und Geschmack voneinander abweichende Bananensorten. Bevorzugte Speisebanane ist hier die gelbe Zuckerbanane oder Babybanane, die mit nur 10–12 cm Länge zwar winzig, aber an Süße und Aroma unübertroffen ist. Eine besondere Spezialität ist die rote Obstbanane, deren leicht rotes Fruchtfleisch erst beim Erhitzen seinen vollen Geschmack entwickelt. Die Gemüsebanane, auch Koch- oder Mehlbanane genannt, ist hart, grasgrün, größer und kantiger als die Obstbanane und weist einen höheren Stärkegehalt auf. Sie wird, ähnlich wie die Kartoffeln, gekocht, gedünstet, gebacken, als Brei zubereitet oder in Öl fritiert.

Typische Speisenzusammenstellungen

Kombinationen für jeden Tag
Gebratener Reis mit Gemüse 32
Krabbenbrot 115
Gurkensalat 115
Brathähnchen javanische Art 83

Kokosreis 31
Fisch in Sojasauce 89
Curry-Nudeln mit Tofu (Variante) 59
Süßkartoffeln in Kokosmilch 130

Hühnersuppe 80
Reis in Bananenblättern 38
Gemüsesalat mit Erdnußsauce 98
Fischpastete 92

Spießchen mit Erdnußsauce 66
Gefüllte Reisröllchen 37
Curry-Nudeln 59
Erdnuß-Sesam-Eierkuchen 133

Gefüllte Pfannkuchen 104
Weißer Reis 28
Lamm-Curry (Variante) 55
Gewürzter Fruchtsalat 96

Speisen aus Bali
Gelber Reis 28
Spanferkelrücken 74
Tempeh-Sojabrot 120
Kokoskroketten (Variante) 112
Gebackene Bananen 136

Speisen aus Sumatra
Weißer Reis 28
Rindfleisch-Curry 55
Kalbsleber-Curry 56
Gebratene Garnelen 51
Auberginen in Chilisauce 51
Spinatsuppe 110
Gedämpfter Kokospudding 126

Speisen aus Java
Spinatsuppe mit Garnelen (Variante) 110
Kokosreis 31
Tofu mit Gemüse 118
Süße Chili-Soja-Sauce (Variante) 42
Gedämpfter Kokospudding 126

Weißer Reis 28
Fleischbällchen in Kokosmilch
(Variante) 68
Gebratenes Gemüse 102
Gebackene Ananas (Variante) 136

Kombinationen mit Fleisch
Hühnersuppe 80
Indonesische Frühlingsrollen 107
Kokosreis 31
Schweinefleisch süß-sauer 76
Jackfruit (aus der Dose)*

Rindfleischsuppe 72
Reis in Bananenblättern 38
Rindfleisch-Curry 55
Gebratenes Fladenbrot (Variante) 105
Gewürzter Fruchtsalat 96
Gedämpfter Kokospudding 126

Gefüllte Reisröllchen 37
Süße Chili-Soja-Sauce (Variante) 42
Scharfe Tomatensauce 44
Gelber Reis 28
Gebratenes Rindfleisch 46
Frisches tropisches Obst
(z. B. Mangos, Papayas, Lychees,
Rambutan, Ananas)*

Kombinationen mit Fisch
Spinatsuppe mit Garnelen (Variante) 110
Kokosreis 31
Gebratener Tintenfisch 49
Gebackene Makrelen 89
Duftender Pudding
(mit frischen Mangos garnieren) 126

Saure Gemüsesuppe (mit 400 g
Tintenfischstückchen anreichern) 108
Weißer Reis 28
Gebratene Garnelen 51
Fisch-Curry 60
Gemüsesalat mit Kokossauce 100
Frische Ananas*

Gemüse in Kokosmilch
(mit 100 g Garnelen anreichern) 110
Weißer Reis 28
Fisch süß-sauer 90
Krabbenbrot 115
Gebackene Bananen 136
Gebackene Ananas (Variante) 136

Vegetarische Kombinationen
Weißer Reis 28
Auberginen-Curry 63
Gemüse in Kokosmilch 110
Tofu in Sojasauce 117
Gurkensalat 115

Gemüsesalat mit Erdnußsauce 98
Reis in Bananenblättern 38
Tempeh-Sojabrot 120
Saure Gemüsesuppe 108

Weißer Reis 28
Eier in Chilisauce 45
Erdnußkroketten 112
Zweifarbige Reistorte 129

Schnelle Kombinationen
Weißer Reis 28
Javanische Fleischbällchen 71
Scharfe Tomatensauce 44
Saure Gemüsesuppe 108
Gefüllte Eierkuchenröllchen 132

Weißer Reis 28
Jackfruit-Curry 54
Gurkenpickles 115
Schweinefilet in Sojasauce 76
Tropischer Obstsalat 124

Preiswerte Kombinationen
Gefüllte Pfannkuchen 104
Gebratene Nudeln (Variante) 33
Spiegeleier*
Krabbenbrot 115
Erdnuß-Sesam-Eierkuchen 133

Weißer Reis 28
Gemüse-Curry 62
Gewürzter Fruchtsalat 96
Gebackene Bananen 136

Gelber Reis 28
Gemüsesalat mit Erdnußsauce 98
Brathähnchen balinesische Art
(Variante) 83
Bananenbällchen 136

Besondere Spezialitäten
Hühnersuppe 80
Nasi goreng 34
Krabbenbrot 115
Gurkensalat 115
Spießchen mit Erdnußsauce 66
Gefüllte Reisröllchen 37
Gebackene Bananen 136

Gemüsesalat mit Erdnußsauce 98
Weißer Reis 28
Lamm-Curry (Variante) 55
Gebratenes Fladenbrot (Variante) 105
Gefüllte Eierkuchenröllchen 132

Kaltes Buffet, das sich gut vorbereiten läßt

Gelber Kokosreis (Variante) 28
Spießchen mit Erdnußsauce
(Sauce extra dazu reichen) 66
Gebackener Seebarsch 92
Fleischbällchen mit Kokos 68
Blumenkohl mit Chilistreifen 52
Gewürzte Chilisauce (Variante) 42
Indonesische Frühlingsrollen 107
Maisbällchen 112
Gefüllte Reisröllchen 37
Gefüllte Eierkuchenröllchen
(mit Lebensmittelfarbe
unterschiedlich färben, z. B. rot, grün
und naturbelassen) 132
Tropischer Obstsalat 124
Zweifarbige Reistorte 129

Fischbuffet

Krabbenbrot 115
Garnelenbällchen 92
Fischpastete 92
Ausgebackene Fischstücke 86
Ausgebackene Garnelen (Variante) 86
Ausgebackener Tintenfisch (Variante) 86
Scharfe Tomatensauce 44
Gewürzte Chilisauce (Variante) 42
Reis in Bananenblättern 38

Indonesische Barbecues

Gebratenes Fladenbrot (Variante)
(bereits zubereitet, nur noch kurz
auf den Grill legen) 105
Schweinerippchen 79
Sumatra-Brathähnchen (Variante) 83
Gebackene Makrelen
(in die Glut legen) 89
Tropischer Obstsalat 124
Zum Knabbern: Krabbenbrot 115
Um Mitternacht: Hühnersuppe 80

Reis in Bananenblättern (bereits zubereitet, nur noch kurz auf den Grill legen) 38
Spießchen mit Hühnerfleisch und
Erdnußsauce
(beim Grillen wiederholt mit dem Rest
Marinade bestreichen, dann in Erdnußsauce wälzen) 66

Gebratener Tintenfisch 49
Knuspriges Hähnchen 79
Scharfe Tomatensauce 44
Cassave-Kokos-Kuchen 135
Zum Knabbern: Krabbenbrot 115
Um Mitternacht: Hammelfleischsuppe
(Variante) 72

Kleine Reistafel für 4–6 Personen

Kokosreis 31
Krabbenbrot 115
Gebratener Kohl mit Ei 102
Gebratenes Rindfleisch 46
Rotbarben in Kokossauce 86
Knuspriges Hähnchen 79
Nach dem Essen:
Gefüllte Eierkuchenröllchen 132

Reistafel für 6–8 Personen

Gelber Reis 28
Chili-Soja-Sauce 42
Scharfe Tomatensauce 44
Krabbenbrot 115
Gebratenes Gemüse 102
Hühnersuppe 80
Fleischbällchen in Kokosmilch
(Variante) 68
Schweinefleisch süß-sauer 76
Rindfleisch-Curry 55
Fisch in Sojasauce 89
Garnelenbällchen 92
Nach dem Essen:
Tropischer Obstsalat 124
Duftender Pudding 126
Später am Abend:
Gefüllte Reismehlkugeln 130

Große Reistafel (Selamatan) für 15–20 Personen

Zu einer großen Reistafel gehören immer eine Vielzahl verschiedener Gerichte. Dies bedeutet für den Koch oder die Köchin natürlich viel Arbeit und Zeitaufwand. Wer eine große Reistafel plant, kann die Sambals und Curries schon 1–2 Tage vorher zubereiten, in den Kühlschrank stellen und erst im letzten Augenblick heiß gemacht servieren. Und da üblicherweise das Essen in Indonesien nur lauwarm gereicht wird, macht es auch nichts, wenn einige Speisen vor dem Servieren noch einen Moment fertig in der Küche stehen. Übrigens: Wenn etwas übrig bleibt, schmeckt es auch noch am nächsten Tag, oder es läßt sich einfrieren.

Gelber Reis 28
Chili-Soja-Sauce 42
Scharfe Tomatensauce 44
Krabbenbrot 115
Maisbällchen 112
Erdnußkroketten 112
Gebackene Bananen 136
Fischpastete 92
Fleischbällchen mit Kokos 68
Javanische Fleischbällchen 71
Indonesische Frühlingsrollen 107
Bohnen mit Chilistreifen 52
Auberginen-Curry 63
Gebratenes Gemüse 102
Gemüse in Kokosmilch 110
Spinatsuppe mit Garnelen (Variante) 110
Tofu in Sojasauce 117
Brathähnchen 82
Spießchen mit Erdnußsauce 66
Gebratenes Rindfleisch 46
Rindfleisch-Curry 55
Ausgebackene Fischstücke 86
Gebackene Makrelen 89
Gebratener Tintenfisch 49
Garnelen süß-sauer (Variante) 90
Nach dem Essen:
Frisches Obst wie Ananas, Mangos,
Papayas oder Lychees*
Später am Abend:
Cassave-Kokos-Kuchen 135

Serviervorschlag: Der Tisch muß mit Schälchen und Tellerchen überhäuft sein. In der Mitte steht als Blickfang die größte Schale mit dem zum Kegel geformten gelben Reis. Um den Reis gruppieren sich die Saucen, Sambal ulek und fritierten Gerichte, ganz außen die gekochten. Für jeden Gast ist eine Reisschale oder ein Teller mit Löffel und Gabel gedeckt.

* Diese Gerichte sind in dem Buch nicht als Rezepte aufgeführt.

Glossar

Alle Zutaten und Gewürze, die Sie für die indonesische Küche benötigen, erhalten Sie teilweise in gut sortierten Supermärkten, mit Sicherheit aber in asiatischen Lebensmittelfachgeschäften, die es inzwischen in fast jeder Stadt gibt. Die meisten Produkte in den Asienläden kommen aus den Niederlanden. Verpackungen sind daher oft niederländisch beschriftet und müssen mit etwas Phantasie entziffert werden. Aus Krupuk wird z.B. Kroepoek, aus Reismehl Rijstemeel und aus Sambal ulek Sambal oelek. Haltbare Lebensmittel wie Gewürze, Sojasaucen, getrockneter Fisch u.a. sind übrigens sehr schöne Reisemitbringsel.

Agar-Agar: Gelierstoff aus einer getrockneten Algenart. Wird zur Herstellung von Pudding und Sülze genommen. Als Pulver oder im Stück erhältlich. Es kann durch Gelatine ersetzt werden, S. 126.

Ananas (indon. Nanas): Die gelbe Frucht wirkt harntreibend und entschlackend. Sie enthält das verdauungsanregende Enzym Bromelin und ist reich an Zucker, Vitamin A und C und an den Mineralstoffen Eisen und Kalzium. Trotzdem sollte man nie zu viel des Fruchtfleisches auf einmal essen, denn der hohe Gehalt an Fettsäuren reizt schnell Mundhöhle und Schleimhäute. Um eine Ananas stilecht zu schälen, schneidet man die Schale mit einem scharfen Messer nur ganz dünn ab, denn unter der Haut liegt das beste Fruchtfleisch. Die »Augen« werden spiralförmig mit diagonalen Schnitten herausgeschnitten. Diese Art, eine Ananas zu schälen, ist besonders dekorativ.

Bananen (indon. Pisang): S. 135 und 136.

Bananenblätter (indon. Daun pisang): Riesige Blätter der Bananenstaude. Sie werden als Einweg-»Teller« benutzt, zu kleinen Behältern geformt, in denen man Reis dämpft, oder aber zum Einwickeln von Lebensmitteln, die in Holzkohlenglut gegart werden, genommen. Am besten tiefgekühlt kaufen. Getrocknete Bananenblätter vor dem Benutzen in Wasser einweichen.

Cassave/Maniok: In fast allen tropischen Ländern angebauter, bis 5 m hoher Strauch, aus dessen dicken Wurzelknollen → Tapiokastärke gewonnen wird, aus der wiederum Sago hergestellt wird. Achtung: Cassave enthält Blausäure und ist daher nur gekocht oder geröstet eßbar. Die geschälten Wurzeln werden in dünnen Scheiben zu Chips frittiert oder zu Brei gekocht, S. 135.

Chilischoten: Schärfster Vertreter der Paprika. In Indonesien werden die Chilischoten frisch gekauft und im Mörser zerrieben. Es gibt sie aber auch getrocknet und pulverisiert (Cayennepfeffer). Die Samenkerne und Scheidewände sind feurigscharf. In der tropischen Urheimat gibt es eine unüberschaubare Sortenvielfalt mit ganz unterschiedlicher Schärfe, weshalb genaue Mengenangaben in den Rezepten kaum möglich sind. In Indonesien am bekanntesten sind rote Chilischoten (indon. Lombok merah), aus denen Sambal ulek hergestellt wird, grüne Chilischoten (indon. Lombok idijo) und kleine, höllisch scharfe Chilischoten (indon. Lombok rawit). Im Gegensatz zum Pfeffer haben Chilischoten keinen starken Eigengeschmack. Sie sind daher zur Abrundung einer pikanten Hintergrundschärfe geeignet. Fein abgestimmt regen sie das Geschmacksempfinden an.

Chinakohl: Kohlart aus der 80 Sorten umfassenden asiatischen Kohlfamilie mit länglichen, blaßgrünen Blättern. Sein Geschmack ist zarter als gewöhnlicher Kohl, man kann ihn jedoch unbedenklich durch Weißkohl ersetzen. Im Herbst und Winter frisch in allen Lebensmittelgeschäften erhältlich.

Daun pandan: Aus diesen Blättern werden Matten und Seile hergestellt, die jungen Blätter dienen aber auch zum Aromatisieren und Färben von Süßigkeiten. Nicht immer leicht zu bekommen. Fragen Sie auch nach Bai doi (Thai-Name) oder Screwpine-Blätter (engl. Name). Die Essenz ist als Bai tuey (Thai-Name) erhältlich.

Daun salam: Wörtlich »Heiliges Blatt«, indonesisches Lorbeerblatt, das sein Aroma erst beim Kochen entfaltet. Durch Lorbeerblätter ersetzbar.

Erdnüsse (indon. Kacang): Der englische Name peanut verdeutlicht, daß die Erdnuß eine Verwandte der Erbse ist, also zur Familie der Hülsenfrüchte gehört. In Indonesien beliebter Bestandteil der Nahrung, S. 67.

Frühlingszwiebeln: Feine, aromatische, milde Zwiebelart, die in Indonesien in Büscheln wächst und kleiner ist als die Frühlingszwiebeln hierzulande. Wird mit Grün als Gemüse und Gewürz verarbeitet.

Galgant (indon. Laos): Ingwerähnliche Wurzelknolle, die etwas milder, aber säuerlicher als → Ingwer schmeckt. Galgant ist als ganze Wurzel frisch erhältlich oder unter der Bezeichnung Laospulver in gemahlener Form. Die ganze Wurzel wie Ingwer aufbewahren.

Gelbwurz: → Kurkuma

Glasnudeln: Hauchfeine, durchsichtige Nudeln aus → Reis- oder → Tapioka- und Mungobohnenmehl (Hoenkwe). Vor der Verwendung etwa 10 Min. in heißem Wasser einweichen.

Ingwer (indon. Jahe): Aromatische Wurzelknolle der bis zu 1 m hohen Staudenpflanze aus der Familie der Gewürzlilien. Als Grundgewürz in der indonesischen Küche genauso wichtig wie Zwiebeln und Knoblauch. Nicht verbrauchte Ingwerwurzel in einem luftdicht verschließbaren Behälter im Kühlschrank aufbewahren.

Jackfruit (indon. Nangka): Bis zu 20 kg schwere, kürbisförmige, grüne Frucht eines Baumes aus der Familie der Maulbeergewächse. Saftig-süßes Fruchtfleisch in Zartlila. Wird oft im nicht ausgereiften Zustand als Gemüse gekocht. Eßbare, kastanienähnliche Samen, die getrocknet zu Mehl verarbeitet werden.

Karambole (indon. Belimbing): Auch Sternfrucht genannt. Stammt von einem bis 10 m hohen Baum, der in Indonesien wild vorkommt. Die hell- bis goldgelbe Beerenfrucht ist bis 12 cm lang, hat fünf scharfkantige Längsrippen und schmeckt aromatisch-säuerlich.

Kardamom (indon. Kepulaga): Die Kardamompflanze ist eine in den tropischen

Regenwäldern Indiens und Sumatras beheimatete Staude aus der Familie der Ingwergewächse. Die bräunlichen Früchte, 10–15 mm große Kapseln, geben hierzulande Lebkuchen und Spekulatius ihren typisch »weihnachtlichen« Geschmack. In Indonesien ist Kardamom ein Gewürz von vielen zum Abschmecken von Fleischspeisen. Es gibt ganze Kapseln und gemahlene Samen zu kaufen.

Kemirinüsse (engl. candlenut): S. 109.

Klebreis (indon. Ketan): Stärkereis, kurzkörnige Sorte, die beim Kochen oder Dämpfen klebrig wird und schnell sättigt.

Klebreismehl: Aus → Klebreis hergestelltes Mehl wird vorwiegend für Süßspeisen verwendet.

Kokosflocken: Frische, nicht entölte Kokosraspel, aus denen Kokosmilch gewonnen werden kann, die aber auch für zahlreiche Süßspeisen verwendet werden.

Kokosmilch (indon. Santen): Kokosmilch ist nicht die Flüssigkeit aus dem Innern einer Kokosnuß, sondern wird aus dem weichen, geraspelten Fleisch junger Kokosnüsse, das püriert und mit Wasser ausgepreßt wird, gewonnen. Auf der Kokosmilch basiert fast die gesamte indonesische Küche. Sie ersetzt nicht nur die Milch, sondern auch Butter und andere Fettarten. Es gibt sie in Dosen, als flüssige Milch oder dicken Extrakt, als Anrührpulver oder als festes Konzentrat. Achten Sie immer darauf, daß nur ungesüßte Kokosmilch verwendet wird. Gesüßte Kokosmilch ist bestenfalls für Desserts geeignet. Wollen Sie Kokosmilch selber herstellen, pürieren Sie mit einem Mixer das geraspelte Fruchtfleisch einer frischen Kokosnuß mit 500 ml heißem Wasser. Gießen Sie das Ganze durch ein feines Sieb in eine Schüssel. Dabei möglichst viel Flüssigkeit aus der Masse herauspressen. Um noch mehr (nun allerdings dünnflüssigere) Kokosmilch zu gewinnen, wiederholen Sie den Vorgang mit dem Rückstand noch einmal. Selbstgemachte Kokosmilch hält sich nicht lange, kann aber trotzdem auf Vorrat hergestellt und eingefroren werden.

Kokosnuß (indon. Kelapa): Die Nuß mit der braunen Oberfläche gilt als frisch, obwohl sie tatsächlich getrocknet ist. Im Innern, im Samen eingeschlossen und konserviert, befindet sich die Flüssigkeit. Im erntefrischen Zustand ist die Nuß von drei Schutzschichten umgeben, deren äußerste hellgrün, die innerste holzig ist, S. 31.

Kokosöl: Weißes, aus dem Kernfleisch der Kokosnuß gewonnenes Kokosfett mit nußartigem Geschmack und hohem Schmelzpunkt. Es eignet sich zum Braten und Fritieren.

Koriander (indon. Ketumbar): Die etwa 50 cm hohe, stark duftende Pflanze ist in Asien so bekannt wie Petersilie bei uns. Frisch verwendet, würzt sie sehr intensiv. Der pfeffergroße bräunliche Samen ist gemahlen ein beliebtes, mild schmeckendes Gewürz für Fleischspeisen und wichtige Curryzutat.

Kreuzkümmel (indon. Jintan): Der Samen sieht dem europäischen Kümmel zwar ähnlich, riecht und schmeckt aber ganz anders. Kreuzkümmel wird meist gemahlen und ist vor allem zum Würzen fetter Speisen beliebt. Er ist eine wichtige Zutat für Gewürzmischungen wie Curry und Garam masala. Oft unter dem engl. Namen Cumin im Handel.

Krupuk: Indonesische Spezialität aus einem Teig von feingemahlenen Krabben und Tapiokamehl, der in ganz dünne Scheiben geschnitten und an der Sonne getrocknet wird. Die weißen bis rosafarbenen chipsähnlichen Scheiben werden in heißem Fett ausgebacken, blähen sich dabei auf und werden knusprig. Als Appetithäppchen, Garnitur oder pikante Beilage zu allen indonesischen Gerichten. Bereits ausgebackene Krupuks gibt es vakuumverpackt zu kaufen, S. 115.

Kurkuma oder Gelbwurz (indon. Kunyit): Getrocknete und gemahlene Wurzelknolle eines Ingwergewächses. Die große, duftende, verdauungsfördernde Gelbwurzel unterscheidet sich sowohl im Geruch als auch im Geschmack deutlich von der teureren Ingwerwurzel, ist also kein Ingwerersatz und in der indonesischen Küche unverzichtbar. Kurkuma ist ein wichtiger Bestandteil des Currypulvers. Da es Gerichte intensiv gelb färbt, wird es oft auch »indischer Safran« genannt.

Lychees (indon. Kelengkeng): Walnußgroß mit rosa, scharlachrot bis rotbrauner lederartiger Schale, die sich wie ein Ei schälen läßt. Haben einen glänzenden Kern, das Fruchtfleisch ist weißlich, sehr saftig und schmeckt entfernt nach Weintraube.

Mango (indon. Mangga): Der sehr hohe Gehalt an Vitamin A (der höchste aller Obstsorten) und der mit einer Zitrone vergleichbare Vitamin-C-Reichtum machen die Mango zu einer äußerst wertvollen Frucht, S. 125.

Palmzucker (indon. Gula jawa, malaysisch Gula melaka): Wird aus dem Saft der Blüte der Kokospalme gewonnen. Als feste, leicht schmelzende Masse, pastenartig oder mit Ringen eingefaßt, seltener kristallisiert erhältlich. Pastenartigen Palmzucker vor der Verwendung in etwas heißem Wasser auflösen. Er sollte wegen seines unnachahmlichen Geschmacks nur notfalls durch braunen Zucker, besser durch Ahornsirup, ersetzt werden.

Papaya (indon. Pepaya): Auch Baummelone, ist eine 8–10 m hohe Staudenpflanze mit schirmförmigem Schopf, unter dem die immerhin bis 9 kg schweren Früchte hängen. Auf den europäischen Markt kommen jedoch nur unreif gepflückte Miniaturausgaben, die nie das Aroma entfalten, das sie in Indonesien haben. In vollreifem Zustand hat die Frucht eine dünne, glatte, gerippte Schale von grüngelber bis oranger Farbe und gelbes bis lachsrotes Fruchtfleisch. Das hohle Zentrum der Frucht enthält mehr als 1000 braunschwarze Samen, die zwar ungenießbar sind, jedoch in den Tropen als Mittel gegen Darmparasiten eingesetzt werden. Wegen ihrer entgiftenden Wirkung sind sie übrigens auch ein wirksames Mittel zur Beseitigung eines Alkoholkaters, außerdem sollen sie Verstopfungen und Hämorrhoiden heilen. Die Früchte sind reich an Vitamin A und C und an Kalzium. Gegessen werden sie frisch, wie Melonen.

Pfeffer (indon. Merica): Die Früchte des Pfefferstrauches sind neben Salz weltweit das bekannteste Gewürz. Pfefferkörner sind zuerst grün, dann rot. Wenn man Pfeffer unreif, also grün, erntet und die Körner trocknet, erhält man schwarzen Pfeffer. Wenn der Pfeffer reif geerntet und nach dem Trocknen die Fruchthaut entfernt wird, erhält man den milderen weißen Pfeffer. Außer seiner bekannten Schärfe bringt Pfeffer, frisch gemahlen, auch seinen ganz eigenen Geschmack zur Entfaltung.

Reis (indon. Beras): Das unscheinbare Rispengras ist neben Weizen die wichtigste Getreideart der Welt. Reis wird überall da angebaut, wo er heißes Klima und genügend Wasser vorfindet. Die Reiskulturen werden während des Wachstums auf künstlich angelegten Reisterrassen überschwemmt. 95% der Welternte wächst in Asien. Hauptanbaugebiete sind Birma, China, Indien, Indonesien, Japan und Thailand. In diesen Reisländern ist Reis das tägliche Brot der Bevölkerung. Viele Menschen in den asiatischen Ländern, die sich hauptsächlich von geschältem Reis ernähren, erkranken nicht selten an der Vitamin-B-Mangelkrankheit Beri-Beri.

Reismehl: Feines Mehl aus weißem Reis für Süßspeisen. Auch in Reformhäusern erhältlich und bei uns vor allem für Diätkost und Babynahrung verwendet.

Rambutan: Rambutan bedeutet »haarig«, und dies ist auch das augenscheinlichste Merkmal der an → Lychees erinnernden Frucht.

Sambal ulek: Klassische indonesische Würzsauce, in Gläsern erhältlich. Vorsicht, sehr scharf, S. 42.

Schalotten (indon. Bawang): Rötliche, sehr würzige, aber milde kleine Zwiebelart aus Indonesien. Wichtige Curryzutat.

Sojabohnenkeimlinge oder -sprößlinge (indon. Tauge): Dünne, weißgrüne, sehr eiweiß- und vitamin-B-reiche Keimlinge, die meistens von den grünen Mungobohnen, einer Sojabohnenart, stammen. Es gibt sie in Dosen oder frisch, man kann sie aber auch leicht selber ziehen: Die Sojabohnen über Nacht mit Alufolie abgedeckt in einer Schüssel mit Wasser einweichen, dann Wasser entfernen und die Bohnen zugedeckt an einem warmen Ort 3 Tage lagern; jeden Tag abspülen (50 g Bohnen ergeben etwa 180 g Keimlinge). Man verwendet sie frisch als Salat oder gekocht als Gemüse.

Sojasauce (indon. Kecap): Fast unbegrenzt haltbares Produkt aus fermentierten Sojabohnen. Zum Würzen (anstelle von Salz) für nahezu alle Speisen verwendbar. In Indonesien gibt es zwei Typen: dünne salzige (Kecap asin) und dicke süße Sojasauce (Kecap manis, S. 34).

Süßkartoffeln (indon. Ubi jalar): Die sogenannten Bataten sind durchschnittlich 10–15 cm lange, spindel- bis walzenförmige Knollen mit einer rötlichen Rinde und hellgelbem bis dunkelorangem Fleisch. Ursprünglich aus den malaiischen Inseln stammend, gelangten sie auch nach Indonesien. Die Batate gilt als eine wichtige Weltwirtschaftspflanze. Vor allem für Chips werden Bataten hierzulande verwendet. Sie sind in gut sortierten Feinkost- und Gemüsegeschäften erhältlich, S. 130.

Tamarinde, Tamarindenmark (indon. Asam): Hülsenfrucht eines Tropenbaums mit süß-säuerlichem, braunem Fruchtmus, das in der indonesischen Küche statt Zitrone oder Essig benutzt wird. Getrocknet in Blockform (500 g) erhältlich und lange im Kühlschrank haltbar. Muß in heißem Wasser etwa 10 Min. eingeweicht und verrührt werden.

Tapioka: Aus frischen → Cassaveknollen gewonnene Stärke.

Tempeh (indon. Tempe): Indonesische Erfindung aus Sojabohnen. Hat die Form eines Laibes, daher als »Sojabrot« bezeichnet, S. 120.

Terasi: Garnelenpaste, die fast jedes indonesische Gericht mit Eiweiß anreichert. Der eigenwillige Geschmack, der aus feingemahlenen und getrockneten Garnelen hergestellten Paste, liegt allerdings nicht jedem, S. 96.

Tofu (indon. Tahu): Frischkäseähnliches Gerinnungsprodukt aus der aus gekochten und pürierten Sojabohnen hergestellten Sojamilch. Wird oft als »Bohnenquark« bezeichnet. Die frisch oder eingeschweißt in rechteckigen Stücken (250 g) oder sogar als Anrührpulver angebotene Masse ist eiweißreich, geschmacksneutral und sehr leicht verdaulich. Auch in Naturkostläden und Reformhäusern erhältlich, S. 116.

Wok (indon. Wajan): Mit halbrundem Boden meist aus Gußeisen hergestellter Vielzwecktopf. Ursprünglich eine chinesische Erfindung, die sich in der gesamten fernöstlichen Küche durchgesetzt hat. Wird im Original auf Gas oder offenem Feuer betrieben.

Zitronengras (indon. Sereh): Aus Kambodscha stammendes, schilfartiges, dickes Gras, das auch in Gewächshäusern gedeiht. Liefert das nach Zitrone duftende ätherische Öl für Parfüms, Kosmetik und Tees und gibt Speisen ein pikantes Aroma. Zum Kochen verwendet man nur den dicken, unteren Teil des Stengels. Die äußeren, trockenen Blätter entfernen (Tip: als Tee aufbrühen). Frisch oder als Pulver erhältlich. Kann durch frischgeriebene, unbehandelte Zitronenschale ersetzt werden.

Abkürzungen:
TL = Teelöffel
EL = Eßlöffel
Msp. = Messerspitze
kJ = Kilojoule
kcal = Kilokalorie

Rezept- und Sachregister

Auberginen in Chilisauce 51
Auberginen-Curry 63
Ausgebackene Fischstücke 86
Ausgebackene Garnelen (Variante) 86
Ausgebackener Tintenfisch (Variante) 86

Bali-Ente 85
Banane (Produktinfo) 136
Bananen, Gebackene 136
Bananen, Geröstete (Beilage) 74
Bananenbällchen 136
Blumenkohl mit Chilistreifen 52
Bohnen mit Chilistreifen 52
Brathähnchen 82
Brathähnchen balinesische Art (Variante) 83
Brathähnchen javanische Art (Variante) 83

Cassave-Kokos-Kuchen 135
Chili-Soja-Sauce 42
Chiliblume 112
Curry-Nudeln 59
Curry-Nudeln mit Tofu (Variante) 59

Duftender Pudding 126

Eier in Chilisauce 45
Eierkuchenröllchen, Gefüllte 132
Erdnuß-Sesam-Eierkuchen 133
Erdnußkroketten 112
Erdnüsse (Produktinfo) 66

Fisch in Sojasauce 89
Fisch süß-sauer 90
Fisch-Curry 60
Fischpastete 92
Fischstücke, Ausgebackene 86
Fleischbällchen in Kokosmilch (Variante) 68
Fleischbällchen mit Kokos 68
Fleischbällchen, Javanische 71
Fruchtsalat, Gewürzter 96
Frühlingsrollen, Indonesische 107

Garnelen süß-sauer (Variante) 90
Garnelen, Gebratene 51
Garnelenbällchen 92
Gebackene Ananas (Variante) 136
Gebackene Bananen 136
Gebackene Makrelen 89
Gebackener Seebarsch 92
Gebratene Garnelen 51
Gebratene Garnelen süß-sauer (Variante) 51
Gebratene Hühnerleber 46
Gebratene Nudeln (Variante) 33
Gebratener Kohl mit Ei 102

Gebratener Reis mit Gemüse 32
Gebratener Tintenfisch 49
Gebratenes Fladenbrot (Variante) 105
Gebratenes Gemüse 102
Gebratenes Lammfleisch (Variante) 46
Gebratenes Rindfleisch 46
Gedämpfter Kokospudding 126
Gefüllte Eierkuchenröllchen 132
Gefüllte Pfannkuchen 104
Gefüllte Reismehlkugeln 130
Gefüllte Reisröllchen 37
Gelber Kokosreis (Variante) 28
Gelber Reis 28
Gemüse, Gebratenes 102
Gemüse in Kokosmilch 110
Gemüse-Curry 62
Gemüsesalat mit Erdnußsauce 98
Gemüsesalat mit Erdnußsauce und Tofu oder Tempeh (Variante) 99
Gemüsesalat mit Kokossauce 100
Gemüsesuppe, Saure 108
Gewürzte Chilisauce (Variante) 42
Gewürzter Fruchtsalat 96
Gurkenpickles (Variante) 115
Gurkensalat 115

Hähnchen, Knuspriges 79
Hähnchen-Curry 56
Hammelfleischsuppe (Variante) 72
Hühnerleber, Gebratene 46
Hühnersuppe 80

Indonesische Frühlingsrollen 107

Jackfruit-Curry 54
Javanische Fleischbällchen 71

Kalbsleber-Curry 56
Kecap manis (Produktinfo) 34
Kemirinüsse (Produktinfo) 109
Knuspriges Hähnchen 79
Kohl, Gebratener Kohl mit Ei 102
Kokoskroketten (Variante) 112
Kokosnuß (Produktinfo) 31
Kokospudding, Gedämpfter 126
Kokosraspel mit Erdnüssen (Beilage) 71
Kokosreis 31
Krabbenbrot 115

Lamm-Curry (Variante) 55
Lammfleisch in Sojasauce (Variante) 76
Lammleber-Curry (Variante) 56

Maisbällchen 112
Makrelen, Gebackene 89
Mango (Produktinfo) 125

Nasi goreng 34
Nudelsuppe mit Einlage 73

Obstsalat, Tropischer 124
Omelettestreifen (Beilage) 33

Pfannkuchen, Gefüllte 104

Reis in Bananenblättern 38
Reis mit knusprigem Huhn 39
Reis, Gebratener Reis mit Gemüse 32
Reis, Gelber 28
Reis, Weißer 28
Reismehlkugeln, Gefüllte 130
Reisröllchen, Gefüllte 37
Reistorte, Zweifarbige 129
Rindfleisch balinesische Art 68
Rindfleisch in Sojasauce 71
Rindfleisch, Gebratenes 46
Rindfleisch-Curry 55
Rindfleischsuppe 72
Rotbarben in Kokossauce 86
Röstzwiebeln, Knusprige (Beilage) 28

Sambal ulek 42
Saure Gemüsesuppe 108
Scharfe Tomatensauce 44
Schweinefilet in Sojasauce 76
Schweinefleisch süß-sauer 76
Schweinerippchen 79
Seebarsch, Gebackener 92
Sojabohnen (Produktinfo) 118
Spanferkelrücken 74
Spießchen mit Erdnußsauce 66
Spinatsuppe 110
Spinatsuppe mit Garnelen (Variante) 110
Sumatra-Brathähnchen (Variante) 83
Süße Chili-Soja-Sauce (Variante) 42
Süßkartoffeln in Kokosmilch 130

Tempeh mit Sojabohnenkeimlingen (Variante) 120
Tempeh süß-sauer (Variante) 120
Tempeh-Sojabrot 120
Terasi (Produktinfo) 96
Tintenfisch, Gebratener 49
Tintenfisch-Curry 60
Tintenfisch (Produktinfo) 49
Tofu in Sojasauce 117
Tofu mit Erdnußsauce 116
Tofu mit Gemüse 118
Tofu süß-sauer (Variante) 117
Tomatensauce, Scharfe 44
Tropischer Obstsalat 124

Weißer Reis 28

Zweifarbige Reistorte 129

Umschlag-Vorderseite: Das Bild zeigt Sate-Spießchen aus Hühnerfleisch mit Erdnußsauce, Reis in Bananenblättern und Gurkensalat (Rezepte S. 66, 38 und 115).

Die Bilder ohne Bildunterschriften zeigen:

Die Fotos auf S. 4/5: Stupas auf der obersten Terrasse des Borobodur auf Java (oben links), Kecak-Tanz auf Bali (oben rechts), Pfiffiger Junge mit Kampfhahn auf Lombok (Mitte rechts), Sunda Kelapa, der Segelhafen von Jakarta (unten links), Typische Häuser auf der üppig-grünen Insel Samosir mitten im Tobasee, Nordsumatra (unten rechts).

Foto auf S. 8/9: Reisterrassen und Palmen bei Tegall Lallang, Bali. Das Foto auf der Rückseite: Legong-Tänzerin auf Bali.

Kusuma Widjaya

wurde in Jakarta geboren und verbrachte seine Jugend auf Java. Während seines Studienaufenthaltes in Europa kochte er mit Vorliebe nach den Rezepten seines Landes. Schon damals entstand die Idee, einmal ein indonesisches Kochbuch zu schreiben. Heute führt Kusuma Widjaya auf Bali ein Hotelrestaurant, in dem einheimische Spezialitäten angeboten werden. Für dieses Buch hat er die bekanntesten Klassiker Indonesiens und seine Lieblingsrezepte ausgewählt.

Roland Marske

lebt in Berlin. Er studierte zunächst Geographie und Politikwissenschaften und unternahm ausgiebige Reisen vor allem nach Asien und Afrika, bevor er sich als Journalist und Fotograf selbständig machte. Auf einer seiner Reisen verwirklichte er mit seinem Freund Kusuma Widjaya dessen Lieblingsidee, ein Kochbuch zu schreiben. Der Indonesier kochte, Roland Marske stand dabei, notierte die Rezepte und übersetzte sie anschließend ins Deutsche.

Foodphotography Eising

Pete A. Eising und Susanne Eising haben sich ausschließlich auf Foodfotografie spezialisiert. In ihrem Studio für Lebensmittelfotografie enstehen anspruchsvolle Food- und Getränke-Aufnahmen. Zum Kundenkreis gehören Werbeagenturen und Industrieunternehmen, Zeitschriftenredaktionen und Kochbuchverlage. An das Fotostudio ist eine Bildagentur mit Sitz in München und der Schweiz angeschlossen, selbstverständlich mit dem Hauptthema Food. Martina Görlach ist im Studio für die Requisite zuständig und wirkt auch bei der fotografischen Gestaltung mit.

Heike Czygan

war schon immer von Asien und insbesondere von Indonesien fasziniert. In ihren Illustrationen spiegelt sich ihre Vorliebe für das Ornamentale. Sie schöpft ihre Motive aus der Mythologie und aus Elementen des Wayang kulit. In München machte sie eine Ausbildung für Grafik und Design, heute ist sie als Illustratorin und Grafikerin bei einem bekannten Münchner Verlag tätig.

Bildnachweis

Titelbild und Rezeptfotos: Foodphotography Eising.
Die Fotografen der Bilder im Inhaltsverzeichnis, des Kapitels »Land und Leute laden ein...« und der Produktinformationen nachstehend in alphabetischer Reihenfolge:
Roland Marske, Berlin: S. 4/5 oben links, S. 15, 16, 18, 19, 20, 21, 22, 25, 31.
Rüdiger Siebert, Weilerswist-Metternich: S. 12, 20.
Silvestris Fotoservice, Kastl/Heiner Heine: S. 16, Otto Stadler: S. 8, 136.
Thomas Stankiewitz, München: S. 4/5 unten links und rechts, 10, 11, 14, 15, 24, Umschlag-Rückseite.
Friedrich Stark, Dortmund: S. 4/5 oben rechts und Mitte, 12, 13, 17, 19, 23.
Die Produktfotos auf S. 34, 41, 48, 67, 96, 109 und 125 stammen von Foodphotography Eising.

Für die Bereitstellung von Requisiten bedanken wir uns bei:
Sarong-Julius Gebhart,
Indonesian Textiles, München
Artasia, Kunst-Handwerk-Wohnen, München
Caravanserai, München

Impressum

1. Auflage 1994
© Gräfe und Unzer Verlag GmbH, München
Alle Rechte vorbehalten. Nachdruck auch auszugsweise, sowie Verbreitung durch Film, Funk und Fernsehen, durch fotomechanische Wiedergabe, Tonträger- und Datenverarbeitungssysteme jeder Art nur mit Genehmigung des Verlages.

Redaktion: Dr. Stephanie von Werz-Kovacs und Birgit Rademacker
Lektorat: Monika Arndt
Versuchsküche: Monika Arndt
Illustrationen: Heike Czygan
Herstellung: VerlagsService
Dr. Helmut Neuberger & Karl Schaumann GmbH, Heimstetten
Gestaltung: Konstantin Kern
Kartografie: Huber
Reproduktion: Fotolito Longo, Bozen
Satz (DTP): Design-Typo-Print GmbH
Druck und Bindung: A. Mondadori Editore, Verona

ISBN 3-7742-2072-7